市域轨道交通专业技能培训教材

车站站务

温州市铁路与轨道交通投资集团有限公司运营分公司　编

视频学习

西南交通大学出版社
·成　都·

图书在版编目（CIP）数据

车站站务 / 温州市铁路与轨道交通投资集团有限公司运营分公司编. —成都：西南交通大学出版社，2020.12

市域轨道交通专业技能培训教材

ISBN 978-7-5643-7777-9

Ⅰ. ①车… Ⅱ. ①温… Ⅲ. ①铁路车站－车站作业－职业教育－教材 Ⅳ. ①U292.15

中国版本图书馆 CIP 数据核字（2020）第 210512 号

市域轨道交通专业技能培训教材

Chezhan Zhanwu

车站站务

温州市铁路与轨道交通投资集团有限公司运营分公司　编

责任编辑　孟秀芝
封面设计　吴　兵

出版发行　西南交通大学出版社
（四川省成都市金牛区二环路北一段 111 号
西南交通大学创新大厦 21 楼）
邮政编码　610031
发行部电话　028-87600564　　028-87600533
网址　http://www.xnjdcbs.com
印刷　四川煤田地质制图印刷厂

成品尺寸　185 mm × 260 mm
印张　8.75
字数　213 千
版次　2020 年 12 月第 1 版
印次　2020 年 12 月第 1 次
书号　ISBN 978-7-5643-7777-9
定价　32.00 元

编委会 >>>>

本书编写人员 >>>>

主　　编	池绵绵
副 主 编	韩　星　陈德茂　孙瑞超
参编人员	吴毓伟　蒋佳慧　姜天琦
主　　审	乐明娇
参　　审	黄博川

序 言 >>>>

温州市铁路与轨道交通投资集团有限公司（以下简称“温州铁投集团”）是温州市唯一承担城市轨道交通项目前期规划、工程建设、投融资、运营管理及沿线资源开发等“五位一体”建设的市级国资企业。温州市铁路与轨道交通投资集团有限公司运营分公司（以下简称“运营分公司”）成立于2014年3月21日，为温州铁投集团全资控股子公司，主要承担温州轨道交通的建设、运营、管理等职责。自成立以来，温州铁投集团紧紧围绕市委市政府总体部署，坚持“轨道交通+新型城镇化+智慧化”发展理念，秉承“用心温暖每一程”的服务理念，努力践行“幸福轨道，链接温州新未来”的企业使命，着力把温州轨道交通真正打造成温州的“民生线、幸福线、安全线、风景线、致富线”。

温州地处我国东南沿海，山水分隔、土地稀少、海相冲积，素有“七山二水一分田”之称，加之民营经济发达、人口密集、城镇化程度高，块状经济、城镇组团特征明显。为构建紧凑集约、资源要素配置合理的城市格局，打造温州1小时“交通圈”“经济圈”，温州铁投集团发扬“敢为人先、特别能创业创新”的新时代温州人精神，围绕打造“全国性综合交通枢纽”的目标，结合《温州市城市总体规划（2003—2020年）》，制定了“国家干线铁路+城际铁路+市域铁路S线+城区地铁M线”四层功能互补、融合发展的轨道交通发展体系。

温州轨道交通S1线作为全国首条制式模式创新的轨道交通线路，被国家发改委列为“国家战略新兴产业示范工程”，拥有“市域动车组项目”“点式ATC信号系统”“基于TD-LTE的通信技术”“同相供电系统”四项创新关键技术，并凭借上述技术在轨道交通业内获得了多项科技进步奖项。另外，温州轨道交通 S1 线还被授予“城市轨道交通技术创新推广项目（工程类）”荣誉称号，在全国轨道交通建设中予以推广。该线于 2019 年 9 月 28 日全线开通运营，标志着温州正式迈入城市轨道交通时代。

近年来，随着我国综合实力与科技水平的提升，城市轨道交通建设和运营得到快速发展，但“日益增长的运营专业技术人才需求与现有市场人才供应不足之间的矛盾”已成为轨道交通行业和企业发展的主要矛盾。在这样的大环境下，企业的人才自主孵化和自主培养显得尤为重要，开发贴合温州轨道交通运营人才培养需求的教材迫在眉睫。运营分公司于 2019 年开始着手编写培训教材，结合规章及实际运营的优秀经验，历时一年开发出了一套符合专业技能人才培训的系列教材。本套教材涵盖了客运、乘务、调度和市域铁路机电设备接口调试实践等多个模块内容，可应用于全国市域轨道交通“订单班”“定向班”、员工上岗取证等人才培养项目，希望能对轨道交通行业，尤其是市域线的人才培养有所帮助。

最后祝愿各行业同仁能学有所获、学有所用、学有所长，立足岗位，创出佳绩。

温州市铁路与轨道交通投资集团有限公司 董事长

前 言 >>>>

随着中国社会经济、科学技术的发展，城市化进程不断加快，党的十八大首次提出“新型城镇化”概念。新型城镇化具有城乡统筹、产城互动、节约集约、和谐发展的基本特征，能够引导城市合理有序发展。公共交通是新型城镇化基础建设的重要内容，市域铁路正是基于新型城镇化的发展特征发展起来的，其具有载客量大、运行快捷、低碳环保、高密度、小编组、公交化等特点，符合未来城市发展要求。

为了适应市域铁路快速发展的需要，培养一支具有行业特色的职业道德、岗位知识与技能的员工队伍是各市域铁路运营企业的当务之急。其中车站站务人员因数量庞大，对员工岗位经验及技能熟练度要求较高，培训培养任务重。为此，我们针对市域铁路站务人员编写了本教材。本教材力求系统地阐述市域铁路车站工作的基本知识与技能。

由于温州轨道交通S1线一期工程开通运营时间不长，编写人员水平有限，知识和经验不够全面，在教材编写过程中难免存在不足，敬请广大使用单位和读者不吝赐教，提出宝贵意见和建议。

编 者

2020年9月

目 录 >>>>

第一章 市域铁路发展概况及车站介绍

第一节 市域铁路简介

国内对市域铁路的称谓各异，有市域快速轨道、市郊铁路、市域快线及都市快线等。根据《城市公共交通分类标准》（CJJ/T 114—2007）、《市域铁路设计规范》（T/CRS C0101—2017）、《市域快速轨道交通设计规范》（T/CCES 2—2017）等相关标准中关于市域铁路或市域快速轨道交通的定义，市域铁路指连接中心城区、城郊及周边新城的一种大运量、快速的城市轨道交通系统，以通勤、通学、通商等规律性客流为主，设计速度为 100 ~ 160 千米/h。温州是全国第一个新建市域快轨的城市，温州市域快轨从项目立项起便称为"市域铁路"。为便于介绍温州市域快轨建设情况，本书延续"市域铁路"的称谓。

市域铁路属于城市轨道交通的范畴，与城市中心区的轨道交通共同构成城市轨道交通网络。市域铁路可自成系统，相对独立运营，与城市中心区轨道交通接驳换乘，也可与城市中心区轨道交通互联互通。

第二节 市域铁路发展及其意义

随着我国国民经济的持续快速发展，城市化进程不断加快，城市基础设施尤其是城市交通运输设施与城市化发展的矛盾日趋严重。随着城镇化不断推进，一部分人口及城市功能从城市中心区向周边卫星城镇、地区迁移，在主城与卫星城之间产生大量客流，市域铁路由于具有快速、大容量、全天候等优势，是目前满足此类客流的最佳交通方式。

根据《关于进一步鼓励和扩大社会资本投资建设铁路的实施意见》中提到的“重点鼓励社会资本投资建设和运营城际铁路、市域（郊）铁路、资源开发性铁路以及支线铁路”，以及《“十三五”现代综合交通运输体系发展规划》中提到的“完善优化超大、特大城市轨道交通网络，推进城区常住人口300万以上的城市轨道交通成网，加快建设大城市市域（郊）铁路，有效衔接大中小城市、新城新区和城镇”，可以看出市域铁路的发展是现在乃至将来推动全国交通运输建设中比较重要的一环，市域铁路的建设及发展已进入重要时期。

《长江三角洲地区交通运输更高质量一体化发展规划》提出，规划以“轨道上的长三角”为重点，加快推进长三角对外交通、城际交通、都市圈交通等多种层级有效衔接和有机融合的轨道交通系统。规划中构建内容包括三个层级：打造内外联快速运输通道、构建快捷高效的城市交通网、建设一体衔接的都市圈通勤交通网。其中，构建都市圈通勤交通网中提出统一规划建设都市圈交通基础设施，加强中心城市与都市圈内其他城市的城际和市域（郊）铁路、道路交通、毗邻地区公交线路对接。重点工程包括规划建设温州市域 S2 线一期工程、温州市域 S3 线一期工程，实施一批既有铁路的市域功能改造。

近年来，温州以打造全国性综合交通枢纽为目标，致力于“大干交通、干大交通”，提速推进空港海港、高速高铁、轨道交通和城市快速路建设，以交通圈拓展都市圈、引领经济圈。随着城市范围的不断扩大，城市外围组团正逐渐成为城市的重要组成部分，建设市域铁路、串联城市组团是温州市城市化发展的必然结果，也是轨道交通发展的趋势之一。

温州轨道交通线网现有规划 3 条 S 线。近期建设的 S1、S2 和 S3 线，总里程为 284.3 公里。其中温州轨道交通 S1 线工程于 2019 年全线开通运营；S2 线一期已全面开工建设，预计于 2023 年开通运营；S3 线一期已完成工可行性文件编制，预计于 2025 年开通运营。

第三节 车站及设备介绍

一、车站及其分类

（一）车站简介

车站是客流集散的场所，是乘客出行乘坐列车出发、到达以及换乘的地点，供线路上列车到发、通过。车站可分为公共区和设备区两部分。

公共区是供乘客通行、购票、候车的区域，分为付费区和非付费区两部分。其中，付费区是指乘客购买车票后凭票进入的相应区域，包括站台及部分站厅区域等；非付费区是供乘客出入、走行、购票等的公共区域，包括通道、出入口及部分站厅等区域。车站付费区与非付费区一般以闸机、边门、站厅栏杆为界。

设备区是指安装车站各类设施设备及车站人员工作的场所，其内分布着各种生产、办公用房，如车控室、站长室、信号设备室、电缆间等，需使用门禁卡或相关工作证明等进出设备区。

（二）车站类型

1. 根据信号系统功能划分

根据信号系统功能的不同，车站可分为联锁站和非联锁站。联锁站是指具有信号联锁设备，可监控列车运行、排列列车进路以及对列车运行进行控制的车站，联锁站通常设有道岔。非联锁站是指没有联锁设备，一般不能监控列车运行以及不能排列列车进路的车站，非联锁站通常无道岔。

温州 S1 线划分为 11 个联锁区，分别为：桐岭联锁区、动车南联锁区、新桥联锁区、龙霞联锁区、三垟湿地联锁区、龙腾路联锁区、奥体中心联锁区、机场联锁区、灵昆联锁区、瓯华联锁区、双瓯大道联锁区。

2. 根据运营功能划分

根据运营功能的不同，车站可分为两端站、中间站、折返站、换乘站等，如图 1-1 所示。

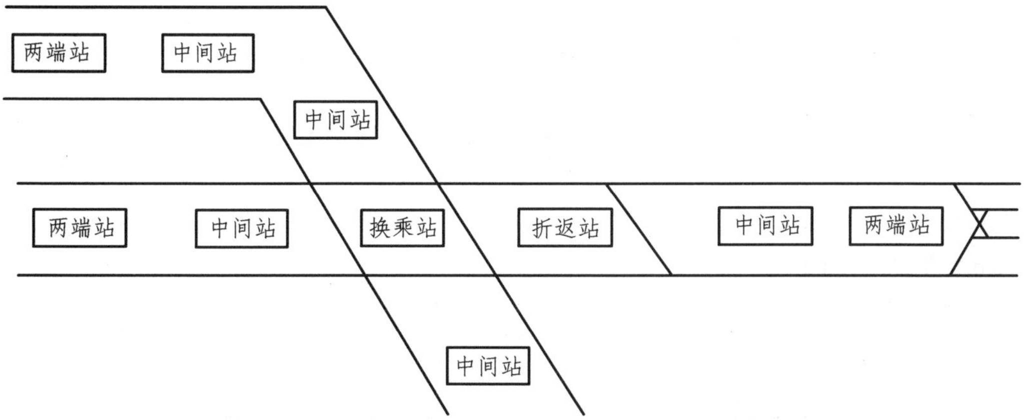

图 1-1　根据运营功能划分的车站分类示意图

两端站是指线路两端的车站，包括起始站及终点站。以温州 S1 线为例，桐岭站、双瓯大道站为两端站。

中间站是指线路上除两端站以外的车站，仅供乘客上下车，功能单一。以温州 S1 线为例，德政站、惠民站为中间站。

折返站是指设在两种不同行车密度交界处的车站，设有折返线和折返设备，可供列车进行折返作业的车站。以温州 S1 线为例，新桥站、三垟湿地站为折返站。

换乘站是指设在两条不同线路的交汇点处的车站，乘客在此车站可由一条线路到另一条线路，完成换乘作业。以温州 S1 线为例，机场站、灵昆站为 S1、S2 线换乘站。

3. 按站台位置划分

按站台位置的不同，车站可分为侧式站台车站、岛式站台车站及混合式站台车站。

侧式站台车站是指车站的上、下行线路位于两站台的中间，站台位于上、下行线路两侧的车站。以温州 S1 线为例，潘桥站、龙霞站均为侧式站台车站，如图 1-2 所示。

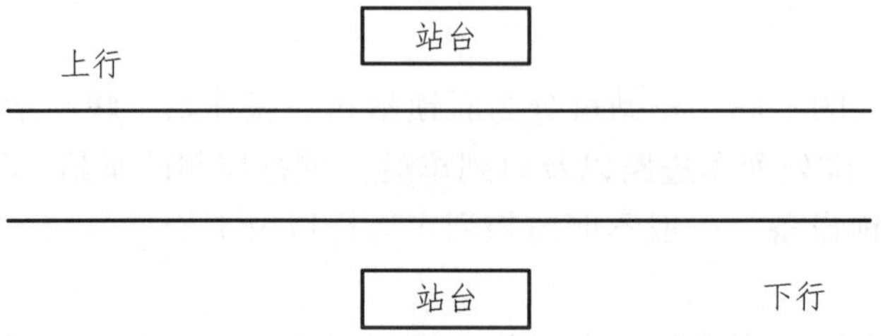

图 1-2　侧式站台

岛式站台车站是指车站的上、下行线路设在站台两侧，站台位于上、下行线路中间的车站。以温州 S1 线为例，灵昆站为岛式站台车站，如图 1-3 所示。

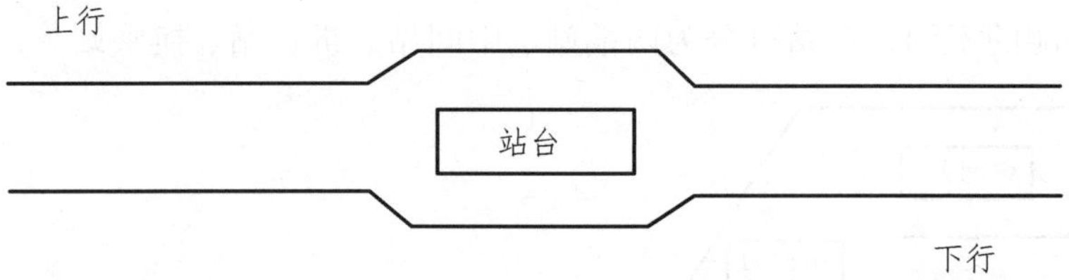

图 1-3　岛式站台

混合式站台车站是指同时具有侧式站台和岛式站台的车站。以温州 S1 线为例，机场站为混合式站台车站，如图 1-4 所示。

图 1-4　混合式站台

4. 按线路敷设位置划分

按车站所属线路的敷设位置不同，车站可分为地下站、地面站、高架站。

地下站就是指轨道线路设在地面以下的车站。一般来说，地下站的站厅、站台以及生产、办公用房均设在地面以下，通过地面出入口通往车站公共区，以温州 S1 线为例：奥体站、永中站、机场站为地下站，如图 1-5 所示。

地面站是指轨道线路在地面上的车站。地面站的线路和站台、站厅、生产及办公用房等通常设在地面。以温州 S1 线为例，桐岭站、动车南站为地面站，如图 1-6 所示。

图 1-5　地下站

图 1-6　地面站

高架站是指轨道线路敷设在高架桥上的车站。高架站除了线路以外，站台通常也架空在地面上，车站的公共区、生产及办公用房一般位于线路和站台的下层。以温州 S1 线为例，新桥站、科技城站均为高架站，如图 1-7 所示。

图 1-7　高架站

二、车站设备介绍

车站设备包括设置于车站内的信号系统、通信系统、给排水系统、站台门系统、供电系统、环控系统、电梯系统、消防系统、自动售检票系统、乘客界面设备等众多系统设备。以下对一些常用的设备进行介绍。

（一）信号系统

轨道交通信号系统通常由列车自动控制系统（ATC）和车辆段信号控制系统组成，用来指挥列车运行。列车自动控制系统通常包括 3 个子系统，即列车自动驾驶系统（ATO）、列车自动防护系统（ATP）、列车自动监控系统（ATS）。温州 S1 线信号系统，充分考虑温州轨道交通网络的建设和运营的特点，采用基于欧洲 ETCS-1 平台的点式 ATC 系统，包括列车自动监控（ATS）子系统、列车自动防护（ATP）子系统、列车自动驾驶（ATO）子系统、计算机联锁（CBI）子系统、数据传输（DCS）子系统以及维护监测（MSS）子系统。

ATP 系统即列车运行超速防护，由地面 ATP 及车载 ATP 组成，是保证行车安全、防止列车进入前方列车占用区段和防止超速运行的系统，自动实现列车运行安全间隔防护和超速防护。地面 ATP 向车载 ATP 传输速度码，当列车运行速度超过规定速度时，列车将紧急制动以保证运行安全。

ATO 系统的主要功能是在 ATP 系统的安全防护下，负责列车的自动驾驶和无人自动折返，负责站台精确定位停车、自动打开车门和站台门、站台人工自动发车、扣车和跳停、运行等级调整等，保证列车完成保持其最佳的运行状态。

ATS 系统是轨道交通系统的运行指挥中枢，是一个分布式的计算机监控系统。它通过分布在 OCC 设备和全线的联锁设备站、非联锁设备站的终端设备，可将列车运营的状态和信息同步显示，实时了解和掌握列车的运行情况，以便及时对行车作业进行分析和调整，保证全线运营安全及高效有序进行。如图 1-8 所示。

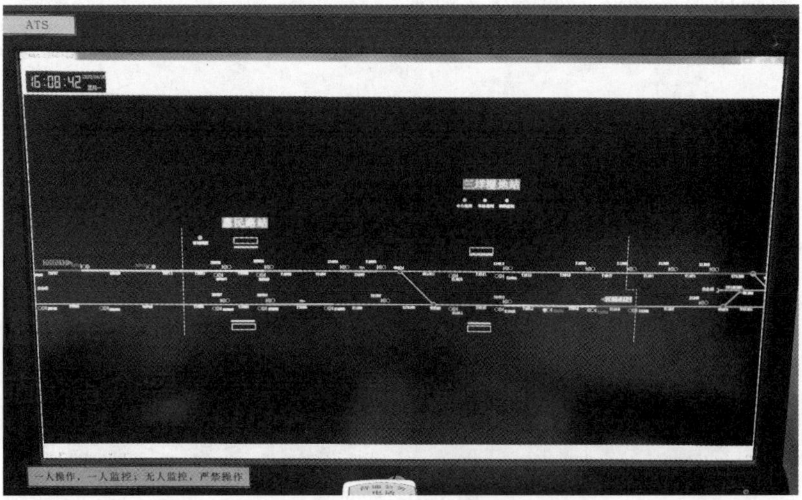

图 1-8　车站 ATS 界面

CBI 系统是市域铁路信号系统的安全核心，负责完成管辖区域内的所有联锁功能，接受 ATS 系统或者操作员的控制指令，向 ATP 系统、ATS 系统输出联锁信息。

DCS 系统为 ATC 系统内各子系统的数据通信提供快速、可靠、安全的数据交换通道。

MSS 系统从 ATC 各个子系统中实时地采集维修信息，向维修人员提供设备相关信息，帮助其了解系统运营状态以做出适当的决定并采取措施。

车辆段信号控制系统是指设置在车辆段的一套信号控制系统的连锁设备，可实现对车辆段的进路控制，与 OCC 设备交换信息。

（二）通信系统

通信系统是为了提供轨道交通通信传输，给乘客提供信息，为运营管理及维修服务提供一定距离的通信而建立的一个视听链路网。

通信系统由多个独立的子系统组合而成，包括传输、无线、程控电话、调度电话、闭路电视、广播等子系统，服务范围包括控制中心、车辆段及车站等。

S1 线工程专用通信系统包括 1 座控制中心、18 座车站、桐岭车辆段的通信设备以及车载无线设备，主要分为：传输系统、无线系统、电源系统、时钟系统、广播系统、视频监控系统、乘客信息系统、公务电话系统、专用电话系统、集中告警系统、办公自动化系统、大屏幕显示系统和数字多媒体显示系统。

电话系统：S1 线车场与车站间、车站与车站间设有站间行车电话，沿线各单位设有公务电话。

无线系统：各车控室设有 1 台无线固定台，列车两端司机室各设有 1 台无线车载台，无线手持台根据岗位需要配置若干。

视频监控系统：车控室配备视频监控系统，可监视站台、站厅的情况；在上、下行站台头端墙司机立岗处设有站台监视器，便于司机监视乘客上下车与站台门开关状态。如图 1-9 所示。

图 1-9　视频监控系统界面

时钟系统：OCC、DCC、派班室、车控室、车站站厅、站台司机立岗处、两端折返站乘务员换乘室配备时钟系统，为各系统设备及乘客提供一个标准同步时间。如图 1-10 所示。

图 1-10　数字时钟

乘客信息系统：车站出入口、站厅、站台及客车客室内的显示屏配备乘客信息系统，为乘客和工作人员提供列车运营信息以及公共多媒体信息。如图 1-11 所示。

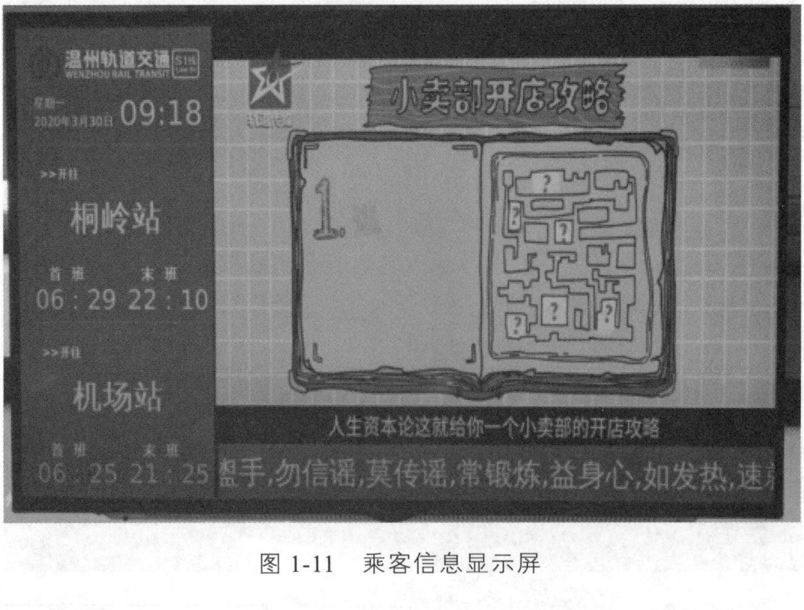

图 1-11　乘客信息显示屏

广播系统：OCC，车站设有广播系统，可对乘客和工作人员进行语言广播。如图 1-12 所示。

图 1-12　广播控制盒

（三）给排水系统

车站给排水系统包括给水和排水系统。车站给水系统包括生活给水系统、生产给水系统和消防给水系统。车站排水系统包括车站污水系统、雨水系统和废水系统。如图 1-13 所示。

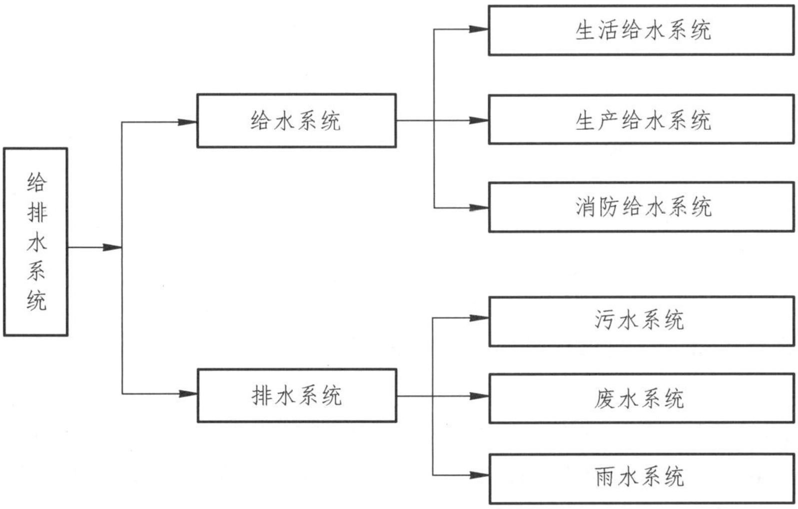

图 1-13　给排水系统构成图

生活给水系统供应车站的饮用、洗浴、浇灌和冲洗等生活用水。除水量、水压应满足需要外，饮用水质必须符合国家颁布的生活饮用水水质标准。生产给水系统供给空调设备冷却、洗涤以及车辆和机电设备维修过程中所需的生产用水。消防给水系统供给车站消防系统的消防设备用水。消防用水对水质要求不高，但必须保证其足够的水量和水压，并应符合国家制定的现行建筑设计防火规范要求。

给水系统中生产生活用水由市政一路供水，分别接入站内各用水点，生产生活给水系统经水箱由变频加压泵加压、紫外线消毒后至车站淋浴间、站台冲洗栓等用水点。地面一层和站内卫生间、公共区商业等用水点直接从站外生产生活用水管接入，利用市政水压，节约功耗，不经过变频加压泵加压。室内消防用水由消防泵房供水加压供水，保证站内消火栓、喷淋泵用水需求。站外消防给水由市政两路供水，管网沿站外布置成环状，环上接室外消火栓。

排水系统采用雨污分流制，主要由污水系统、废水系统、雨水系统组成。其中，污水系统中的卫生间生活污水排入化粪池，商业区产生的油污水排入隔油池，地上站由重力污水管排出，地下站由污水提升装置排出。废水系统包括电梯集水坑、车站冲洗水、消防废水、结构渗漏水等，由集水坑废水泵排入站外排水检查井。雨水系统主要是来自高架站屋面的雨雪水，通过虹吸雨水，重力雨水管道排入站外消能井。

（四）综合监控系统

综合监控系统（ISCS）集成的子系统有：环境与设备监控系统（BAS）、火灾自动报警系统（FAS）、站台门系统（PSD）。互联的系统有：电力监控系统（SCADA）、广播系统（PA）、视频监控系统（CCTV）、乘客信息系统（PIS）、自动售检票系统（AFC）、信号系统（SIG）、时钟系统（CLK）、门禁系统（ACS）、人防门等系统。

综合监控系统采用两级管理、三级控制结构。两级管理分别为中央级和车站级。三级控制从高到低，分别为就地级、车站级、中央级。

各车控室配置综合应急后备盘，实现紧急情况下对 BAS、SIG、AFC、ACS、PSD 等关键设备的人工控制。

（五）综合应急后备盘

综合应急后备盘，简称 IBP 盘，是一种人机接口装置，是主控系统的后备设备，设置在车控室，作为在紧急情况下使用的车站主控系统的后备设备。它是一种按钮式模拟监控盘，在紧急情况下由车站人员操作相应指令按钮。综合应急后备盘（如图 1-14 所示）可控制主控系统所控制的主要设备，如消火栓泵、环控模块、自动扶梯、信号系统、站台门等系统设备，具体可以实现以下功能：

消火栓泵模块：用于监控消防水泵运行状态，在紧急情况下可远程控制消防水泵的开闭。

环控模块：用于监控车站防排烟模式、隧道列车阻塞及隧道火灾模式，在紧急情况下可通过 IBP 盘远程控制现场环控设备的开闭。

自动扶梯模块：监控本站自动扶梯运行方向及状态，具备远程停梯功能。

站台门模块：监控整侧站台门开关状态，具备远程控制整侧门开闭功能。在火灾情况下，地下站可单独开启首末单元门，辅助排烟。

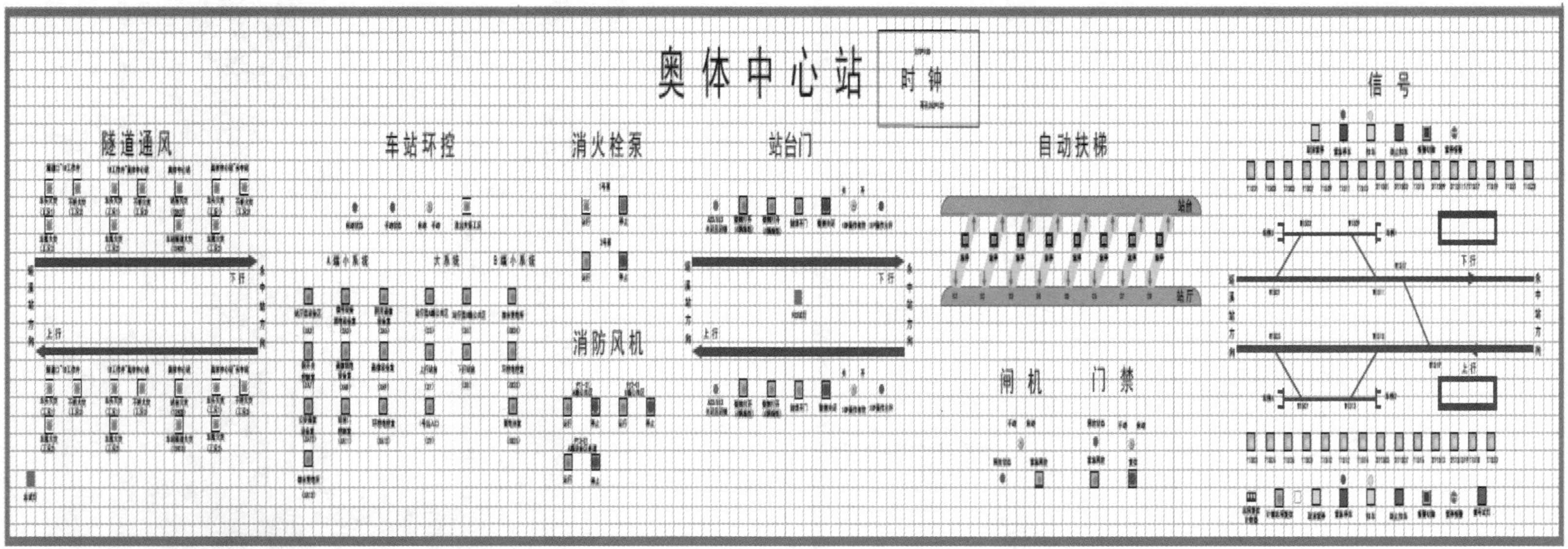

图 1-14 IBP 盘

信号系统模块：具备紧急停车/取消紧急停车、扣车/取消扣车、计轴复位功能。

门禁及闸机模块：具备门禁、闸机紧急释放功能。

（六）站台门系统

站台门类型有屏蔽门（地下站）和安全门（地面及高架站），是安装在车站站台边缘，具有将站台与轨行区隔离，防止人员及物品掉落轨行区的功能。屏蔽门还可降低空调能耗及站台列车运行噪声，消除活塞风对站台乘客的影响，提高乘客的候车舒适度等。

S1 线站台门总长度为 135 米，每侧站台门由滑动门、应急门、端门及固定门组成。如图 1-15 所示。

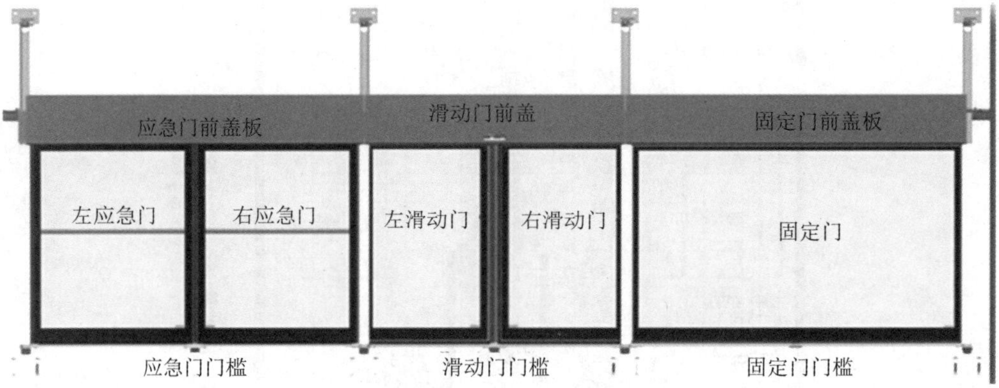

图 1-15　屏蔽门组成

1. 滑动门

滑动门是与列车门对应的可滑动开启的门体，门扇为透明的安全玻璃。如图 1-16 所示。

图 1-16　滑动门

2. 固定门

固定门是不可开启的门体，可拆卸更换，其高度与滑动门基本一致，如图 1-17 所示。

图 1-17 固定门

3. 应急门

站台门作为公共区与轨行区的屏障，在正常运营时，应保持关闭并锁紧。在停电或火灾等其他紧急情况下，列车无法对准滑动门时，乘客可在站台门内侧按压该门的拉杆，向站台侧推开，完成疏散逃生。如图 1-18 所示。

图 1-18 应急门

4. 端头门

端头门是设置在站台两端尽头，开启后可进入轨行区的门体，可供工作人员进出轨行区，紧急情况下乘客区间疏散使用。如图 1-19 所示。

图 1-19　端头门

5. 端头控制盘

站台门的端头控制盘，简称 PSL，安装在站台端头门的内侧。正常情况下，站台门与列车具有联动开关门功能：当列车停稳并打开车门时，站台门同时联动打开；当列车车门关闭时，站台门也同时联动关闭。当联动功能出现故障时，就需要人工在 PSL 上控制站台门的开关。

图 1-20　站台 PSL

如果某个站台门出现故障，导致有站台门不能关闭且锁紧或列车不能正常运行时，需要在 PSL 上打开“互锁解除”开关，人工解除信号系统与站台门的联锁，让列车能够正常运行。站台门具有障碍物检测及故障报警功能，能够探测到的刚性障碍物最小厚度为 5 毫米，障碍物连续探测 3 次，3 次后站台门将保持常开，门头指示灯闪烁。车站人员可以从门头指示灯、

IBP 盘及 PSL 控制盘了解站台门运行状态、报警信息。

（七）供电系统

车站供电系统可划分为高压、低压两类设备，站务人员需要掌握的是低压供电设备，低压供电设备又可分为照明和低压配电两个子系统。

照明系统供电范围为车站及线路照明设备、设施，大致包括站台层、站厅层公共区的一般照明、节电照明、事故照明、广告照明以及设备区的一般照明、事故照明。低压配电系统供电范围大致为站台层、站厅层和设备区的环控、排水、消防、电梯、自动扶梯、通信、信号、自动售检票等动力设备。

车站照明可分为三级控制：就地控制，各设备及管理用房设有就地开关控制箱；照明配电室集中控制，照明配电室内设有相应照明场所的照明配电箱，可在室内集中控制；车控室集中控制，车控室内设有照明控制柜，通过柜面上转换开关和按钮，可实现一般照明手动控制。

市域铁路是完全依赖电力供应提供动力的企业，其低压配电用电负荷根据负荷性质及重要程度分为一、二、三级。应急照明、信号系统、通信系统、火灾自动报警系统设备、环境与设备监控系统设备、事故风机及其阀门、排烟风机及其阀门、隧道风机、射流风机、排热风机、自动扶梯、站台门、门禁系统设备等属于一级负荷。站厅及站台公共区照明、通信信号专用空调、污水泵、非疏散用的自动扶梯、垂直电梯、普通风机、动车检修设备、检查库工作照明、停车场室外照明（投光灯塔和灯桥）、车站设备和管理区一般动力照明、区间隧道动力检修箱、隧道工作照明等属于二级负荷。不属于一级和二级负荷的其他负荷为三级负荷，如冷水机组及配套设备、普通空调设备、清扫设备、电热设备、广告照明、景观照明、商业用电和除一、二级负荷外的其他用电设备等。

（八）环控系统

当车站位于地下时，环境较封闭、潮湿，且车站内有多种发热源，如人体散热、车站设备散热以及列车散热等，环控设备可对车站环境进行排热降温和更换新鲜空气。市域铁路环控系统主要由通风系统和供冷系统组成，可在运营期间排热排湿，调节站内温度，为乘客及工作人员创造良好、舒适的环境。

S1 线通风空调系统由通风空调大系统、通风空调小系统、隧道通风系统、环控水系统组成。通风空调大系统是为站厅、站台层公共区提供空调通风和防排烟的系统。通风空调小系统是为站厅、站台层的设备及办公用房区提供空调通风和防排烟的系统。隧道通风系统包括区间隧道通风系统和车站轨道排风系统，区间隧道通风系统负责对区间隧道和车站隧道进行通风，车站轨道排风系统负责对车站内的隧道进行通风。环控水系统是利用水作为介质为车站公共区和设备区提供冷源的制冷系统。

S1 线通风空调系统运行工况按空调季节和非空调季节进行编制，原则上确定每年 5 月 1 日至 10 月 31 日为空调季节，其他时间为非空调季节，车站小系统按大系统空调、非空调季节日期同步执行空调或非空调模式。高架车站设备及办公用房采用“多联空调系统”，该系统可自由设定温度。车站大系统界面如图 1-21 所示。

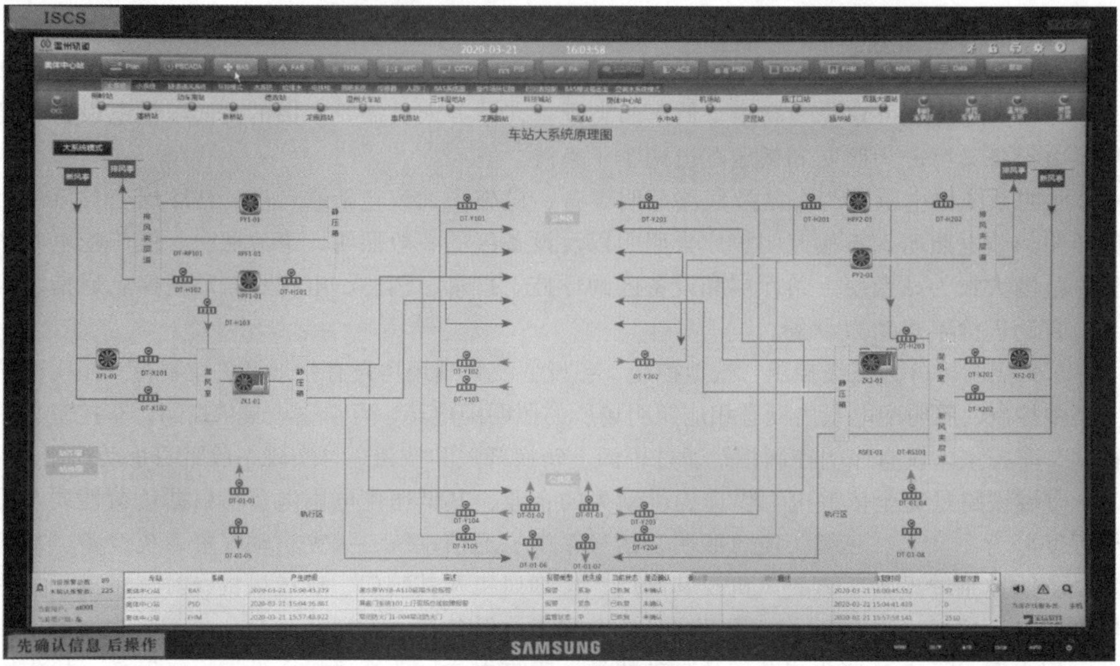

图 1-21　车站大系统界面

（九）电梯系统

电梯系统是轨道交通系统的一个重要客运服务设备，担负着运送乘客的任务，对及时疏散客流起到重要作用。同时，电梯系统方便乘客出行，省时省力，可为乘客提供更优质的服务。电梯系统包括自动扶梯、垂直电梯等，如图 1-22 所示。

图 1-22　自动扶梯、垂梯

自动扶梯是指带有循环运动梯路，向上或向下倾斜输送乘客的固定电力驱动设备。自动扶梯主要设置于站厅与站台之间、出入口与站厅之间，以供乘客上下时使用。

垂直电梯是通过液压动力源，把油压入油缸使柱塞做直线运动，直接或通过钢丝绳间接地使轿厢运动的电梯。

（十）消防系统

为保证车站运营的安全，车站都设置有消防自动报警系统，以环网方式将各车站的报警控制器构成一个整体网络，在车控室或 OCC 能对报警系统实行监控管理。S1 线的消防系统由车站火灾报警系统（FAS）、气体灭火系统、电气火灾报警系统、防火门监控系统以及隧道温度探测系统五大部分组成。

1. 车站火灾报警系统

车站火灾报警系统是车站防灾系统的关键组成部分，主要实现火灾监测的报警、其他系统消防设备的监视及控制、系统故障报警、消防电话通信等重要功能。车站火灾报警系统分布在站厅、站台、所有设备房和办公用房等位置，由火灾报警控制盘、图形监视计算机、消防广播、消防电话等现场设备组成。

车站火灾报警系统能够监视区域内烟尘、温度等情况，接收车站温感、烟感及手动报警按钮等现场设备的报警信号，通过图形显示报警区域，在发生火灾时发出模式确认指令，使机电设备监控系统运行转入火灾模式，实现消防联动控制。FAS 主机如图 1-23 所示。

图 1-23　FAS 主机

2. 气体灭火系统

为了保护车站内重点设备房，如变电站、信号设备室和通信设备室等，在这些设备用房中配置了气体灭火系统，气体灭火系统能够实现火警信号采集、系统信息处理、声光报警控制、信息报告、相关环控设备联动控制和气体释放全过程自动控制。气体灭火设备由两大部分组成：一是报警和控制设备，二是药剂储存和喷放设备。目前 S1 线地下车站需保护的电气设备房采用组合分配式全淹没气体灭火系统，灭火介质采用 IG541，每个气体灭火保护房间为一个独立的报警和探测区域。

3. 电气火灾报警系统

电气火灾报警系统又称漏电火灾报警系统，通过探测线路中漏电流的大小来判断火灾发生的可能性。S1 线在地下区间及车站每座低压变电所内设置电气火灾报警系统，主机设置在低压变电所内，保持 24 小时运行。

4. 防火门监控系统

S1 线全线车站内设置防火门监控系统，车控室内设防火门监控主机，对车站内各疏散通道上的防护门进行监视和控制，当发生火灾时，关闭需进行防火分隔的常开防火门，并将关门信息和常闭防火门的开门状态等上传至 FAS。

5. 隧道温度探测系统

隧道温度探测系统对地下车站区间隧道进行火灾探测，隧道温度探测系统设置在地下站及隧道区间内，测温主机按一站一机的方案设置，分别设置在奥体站、永中站、机场站，测温主机保持 24 小时运行。

6. 其他消防设备

其他消防设备包括灭火器、消火栓、防烟面具、空气呼吸器等。

（1）灭火器：灭火器是一种轻便的灭火器材，是扑救初起火灾的最常用的灭火设备，车站的灭火器一般存放在专用的灭火器材箱内。灭火器的种类较多，主要有清水灭火器、泡沫灭火器、二氧化碳灭火器、干粉灭火器、卤代烷型灭火器等种类，不同的火灾种类应选择对应的灭火器类型。考虑到通用性、配置成本、维护及保养方便等因素，目前 S1 线车站基本采用干粉灭火器，如图 1-24 所示。

（2）消火栓：消火栓是消防供水设施的终端，分为室外消火栓和室内消火栓。室外消火栓按安装形式不同又分为两种：安装在地面上的称为地上式消火栓，适用于气候温暖地区；安装在地面以下的称为地下式消火栓，适用于气候寒冷地区。室内消火栓设置于墙壁上的专用箱内，有明显标志，消火栓套装一般包含消防箱、消防水带、水枪、接扣、消火栓启动按钮等。如图 1-25 所示。

图 1-24　干粉灭火器

图 1-25　消火栓

（3）防烟面具：防烟面具多在火灾情况下个人逃生时使用。它可防护热气流、热辐射、毒烟、毒气、一氧化碳等有害气体或有害烟雾对人的头部、面部及呼吸系统的伤害。如图 1-26 所示。

图 1-26　防烟面具

（4）空气呼吸器：空气呼吸器是在灭火或进入火灾现场疏散人员时短时隔离烟尘，提供压缩空气供使用人员呼吸的专业消防设备。使用前需经培训，目前 S1 线每个车控室均配备 2 套正压式空气呼吸器。如图 1-27 所示

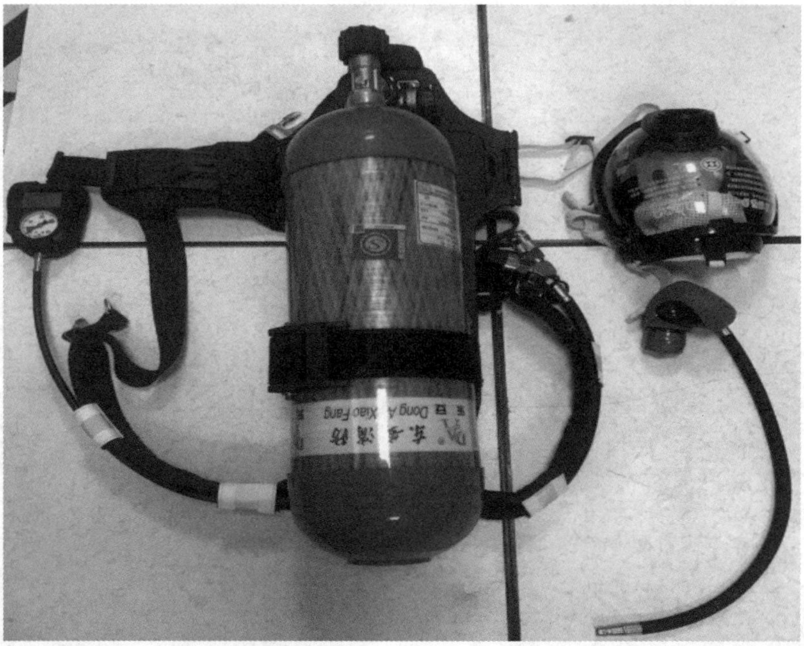

图 1-27　空气呼吸器

（十一）自动售检票系统

自动售检票系统，简称 AFC，是基于计算机网络通信、自动化控制、现金识别、微电子计算、嵌入式系统和大型数据库管理等高新技术，综合统计、财务等专业知识的运用，来实现温州轨道交通的售票、检票、计费、扣费、统计、清分结算和运行管理等全过程的自动化系统。它是直接对现金和车票进行接触与管理的系统，也是乘客直接面对和使用的系统。

通过自动售检票系统，乘客进入站厅后有序地购票、进站检票、乘车、下车、出站。使用该系统，便于车站票务管理，降低收益风险，确保运营收入的准确与安全。与此同时，它还能及时、准确地提供各种统计分析报表及车站客流数据，为制订车站运营计划和运营组织方案提供了依据。

目前，运用于轨道交通领域中比较成熟的自动售检票系统的基本构架可分为中央结算控制系统、车站监控系统、车站售检票设备三个层级。

1. 中央计算控制系统

中央结算控制系统一般指清分中心系统，简称 ACC，负责全线网的参数管理、监控管理、系统权限管理、数据管理、票卡库存管理、收益管理、密钥管理、编码发卡管理、清分管理等。可形成线网级交易数据、客流数据及收益数据等统计报表。

2. 车站监控系统

车站监控系统一般指车站计算机系统，简称 SC，负责对车站所辖的终端设备进行管理、监控和数据采集，负责车站参数管理、数据管理、车票管理、收益管理、报表管理、权限管理等。

3. 车站售检票设备

车站售检票设备主要包括自动售票机、半自动售票机、自动检票机等设备。

（1）自动售票机。

自动售票机，简称 TVM，设置在车站非付费区，主要具有发售普通单程票、收益结算的功能，能接受纸币、硬币、储值卡等支付方式。乘客选择目的地车站或相应票价，投入相应现金后，设备自动售出单程车票。如图 1-28 所示。

图 1-28　自动售票机

为了给乘客明确的操作指示，实现乘客自助购票，常见的自动售票机面向乘客方向的面板需包括乘客信息显示器、使用指南、触摸屏、纸币插入口、硬币投入口、卡插入口、找零（取票）口等主要部件。内部结构由钱箱模块（包括纸币钱箱、硬币钱箱、纸币找零箱、硬币找零箱、硬币循环找零箱）、票箱模块、打印机模块等构成。

（2）半自动售票机。

半自动售票机，简称 BOM，安装在客服中心处，由车站售票员操作，主要具有发售车票、充值及处理各类问题车票的功能，能定时将相关资料，如各班次售票员操作信息和收益信息等上传到车站计算机，以便进行分析、统计、收益查询，并生成相应报表，可作为售票员收益的结算依据。如图 1-29 所示。

常见的半自动售票机主要由不间断电源、主机、操作员显示器、鼠标、键盘、读卡器、乘客显示器（含付费区和非付费区）、票据打印机等部分构成。

图 1-29　半自动售票机

（3）自动检票机。

自动检票机，简称 AGM，是乘客进、出车站付费区时的检（验）票口，用于实现控制和检验乘客进入或离开付费区的功能。目前常见的自动检票机有三杆固定式、扇门式、拍打门式等几种样式，并可实现保持常开与常闭两种状态，有双向和单向之分。如图 1-30 所示。

图 1-30　扇门式自动检票机

自动检票机能对乘客所持车票进行有效性检查，对有效票放行，无效票禁止通行，对有效的单程票出闸时回收，并能定时将相关资料，如进、出站客流量及扣费记录等上传到车站计算机，从而生成相关报表。通常自动检票机由检票机阻挡装置、非接触型智能卡读写器、乘客显示器、警示灯、方向指示器、退票杯和通道传感器等部分构成。

章节自测

某日，小蒋前往 S1 线乘坐市域动车从奥体中心站出发前往动车南站，途中，他发现 S1 线车站建设的方式各有不同，奥体中心站建在地下，而动车南站却建在了地面上，进入车站后面对各类设施设备小蒋犯了难，请为小蒋解答以下问题。

一、从不同的角度划分，车站可分为哪几类?

二、请介绍车站内常用的设施设备。

第二章 车站运作及管理

第一节 车站岗位架构

车站日常工作岗位由站长、值班站长、行车值班员、客运值班员、站务员组成。正常情况下，车站日常生产、管理实行逐级负责制，从高到低依次为：站长→值班站长→值班员→站务员。信息汇报实行由下至上逐级汇报，紧急情况下，可越级汇报。

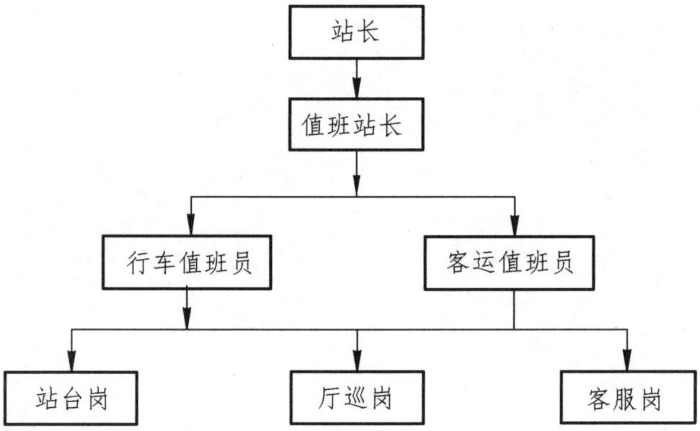

图 2-1　车站岗位架构图

第二节 车站各岗位职责

一、站长岗位职责

站长全面负责车站的运营管理、安全管理、综合管理，并及时完成领导临时交办的其他工作任务。站长不在车站时，由当班值班站长负责以上各项日常工作。

（一）运营管理

站长指导、监督车站行车、客运、票务、服务、施工等日常运营工作，确保员工严格执行各项作业规范、操作规程。负责车站设施设备的日常管理，确保其功能、状态良好。定期开展综治会议，做好车站商铺、委外人员管理工作。

（二）安全管理

站长负责车站突发情况下的应急指挥和初期处置工作，通过定期演练，提高员工处置突发事件的能力。为加强员工安全教育，定期开展现场安全作业检查。

（三）综合管理

站长定期召开车站会议，布置落实上级各项管理制度，开展安全生产教育。统筹安排各岗位工作，定期组织员工谈心谈话，掌握员工思想状态。根据绩效考核管理办法，对员工进行综合评定。加强员工的业务学习及练兵，提高员工业务素质。统筹车站劳保用品、办公用品建档、申请、领用、消耗、回收等日常管理工作，并按规定投入使用。

（四）其　他

站长及时完成上级领导交办的其他工作任务，协助其他部门（中心）完成需要配合的工作。

二、值班站长岗位职责

值班站长负责本班车站的运营管理、安全管理、综合管理，并及时完成领导临时交办的其他工作任务。

（一）运营管理

值班站长协助站长完成车站行车、客运、票务、服务、施工等日常运营工作，确保各岗位员工严格执行各项作业规范、操作规程。做好车站设施设备的日常巡检工作，确保其功能、状态良好。配合站长召开综治会议，做好车站商铺、委外人员管理工作。

（二）安全管理

值班站长负责车站当班突发情况下的应急指挥和初期处置工作，通过组织演练，提高本班组员工处置突发事件的能力。为加强本班组员工安全教育，定期开展现场安全作业检查。

（三）综合管理

值班站长协助站长召开车站会议，根据模块分工汇报本月工作进度及班组管理情况。做好本班组员工谈心谈话，掌握员工思想状态。根据绩效考核管理办法，对本班组员工进行综合评定。加强员工的业务学习及练兵，提高员工业务素质。做好当班劳保用品、办公用品建档、申请、领用、消耗、回收等日常管理工作，并按规定投入使用。

（四）其　他

值班站长及时完成上级领导交办的其他工作任务，协助其他部门（中心）完成需要配合的工作。

三、行车值班员岗位职责

在值班站长的领导下，行车值班员负责当班期间行车工作，主要有：严格执行公司规章制度，做到有令必行，有禁必止；服从行车调度员指挥，执行行车调度员命令，严格按列车运行图组织行车；按公司、部门应急信息汇报程序及时上报车站各类信息；熟悉车控室各项设备的性能，掌握操作方法；做好乘客广播，密切关注 CCTV，掌握车站乘客动态；做好各项施工管理；负责保管、使用行车设备备品，正确、清楚填写相关台账；协助值班站长做好委外人员的日常管理工作；值班站长不在车控室时，负责代理其职责。

四、客运值班员岗位职责

在值班站长的领导下，客运值班员负责当班车站客运、票务工作，主要有：严格执行公司规章制度，做到有令必行，有禁必止；做好各类票务收益报表填写及保管工作；负责车票、票据等票务物资的使用及保管工作；负责车站收益解行的实施和安全；协助值班站长做好委外人员的日常管理工作；及时处理乘客事务，提供优质服务；当班期间巡视车站，维护车站安全，防止意外事件发生；在非运营时间统计汇总当日营收情况。

五、站务员岗位职责

站务员在值班站长的领导、监督下完成日常工作。根据工作内容，站务员可分为客服岗、厅巡岗、站台岗。

（一）客服岗

客服岗为乘客处理票务问题，保证钱票安全，负责本班客服中心的卫生、安全、设备、备品的管理工作。

（二）厅巡岗

厅巡岗负责站厅、出入口设备、设施的安全，运营时间内每 2 小时巡视一遍站厅、出入口并将巡视情况做好台账登记，主动为有需要的乘客提供帮助，协助乘客顺利进出站，与站台岗做好站厅、站台客流的互控，遇到特殊情况及时报告车控室。

（三）站台岗

列车到达间隔巡视整个站台，站台岗发现问题及时处理并上报，随时注意站台乘客动态，列车进站时在规定区域立岗接车，当站台出现影响行车的情况时，及时采取相应处理措施。

第三节　车站各岗位作业流程

一、值班站长作业流程

（一）班　前

签到，与前一班值班站长进行交接，熟知上一班的运营情况；检查、清点钥匙、行车备品、对讲设备等其他备品（见图 2-2），检查值班台账，确认与交接信息无误并签字确认。根据交接信息组织开展交接班会（具体内容详见表 2-1），正式上岗前检查当班人员仪容仪表。

表 2-1　交接班会内容

序号	内　容
1	参加交接班会的员工立岗，值班站长检查员工的仪容仪表
2	服务礼仪操的练习（如图 2-3 所示）
3	传达交接班会的会议精神
4	重要文件、通知的传达
5	运营信息的传达

（二）班　中

监督人员到岗情况，安排好各岗位的工作，做好“两纪一化”，突发事件、事故发生时，及时了解详情，并按规定处置；监督客运值班员完成交接班，开展一日票务工作，每 2 小时全面巡视车站一次，重点的巡视内容为：消防设备设施的状态，站台门的状态，电扶梯运行是否正常，出入口、站台、站厅、通道、设备设施的状态等。

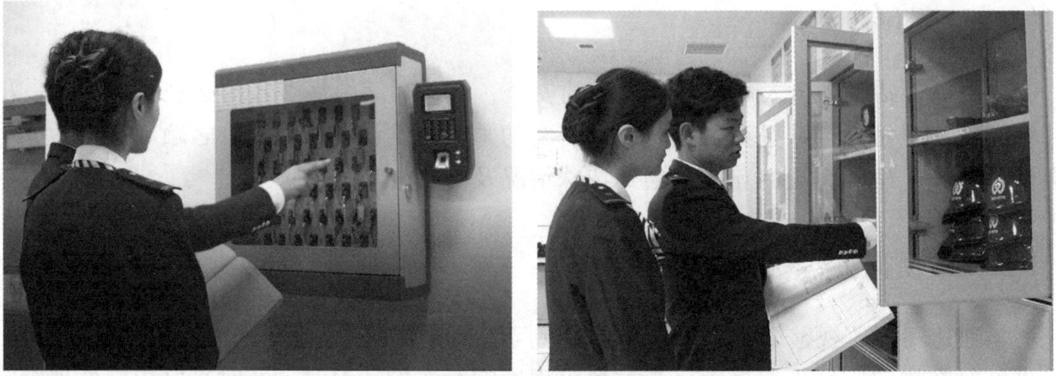

图 2-2　清点钥匙及备品

图 2-3　礼仪操

运营开始或结束时，负责车站的清客、开关站，确认出入口，电扶梯、照明、AFC 设备状态，监控车站当天的施工情况及确保施工结束后设备恢复正常运行状态；及时处理、跟踪当班发生的乘客事务及事件，对站内服务设施进行巡视，发现故障按规定进行报修和跟进；对商铺进行日常管理，如监督商铺物品摆放情况等。

（三）班　后

与下一班值班站长做好交接，确认交班信息无误后签退下班。

二、值班员作业流程

（一）行车值班员作业流程

1. 班　前

（1）签到，参加交接班会议，学习近期重要通知及当班需注意事项。

（2）检查行车备品状态及数量，清点钥匙，完成交接信息填写。
（3）检查、阅读当班台账，核实施工完成情况。
（4）其他需要注明的事项。

2. 班　中

（1）监控 ISCS、CCTV 及各类行车设备。发生紧急情况时，负责协助值班站长处理。
（2）负责车站行车组织，接听各调度电话、接收和执行行车调度员调度命令。
（3）首班载客列车到达前 10 分钟打开车站照明、开启 AFC 设备。
（4）做好各项施工请销点登记手续。
（5）检查手持台等行车设备的充电情况。
（6）监控末班车广播的播放情况。末班车到站前 5 分钟确认 TVM、进站闸机关闭。
（7）协助值班站长清客关站，并关闭一般照明、广告照明。

3. 班　后

与下一班行车值班员做好交接，确认交班信息无误后签退下班。

图 2-4　行车值班员

（二）客运值班员作业流程

1. 班　前

（1）签到，参加交接班会议，学习近期重要通知及当班需注意事项。
（2）清点车票、现金、钥匙、票据、票务设备备品情况。
（3）确保交接班票款与数据一致且账实相符。
（4）检查报表、台账内容无误后签字确认。
（5）其他需要注明的事项。

2. 班　中

（1）统计本班的车票、现金、票据、钥匙及票务设备备品情况，及时在当班台账上做好记录。

（2）做好车站报表、车票等票务物资及兑零计划的申报。

（3）对客服岗的交接情况进行监督检查，及时为交班人员结账。

（4）定期巡查票务设备运行及客服中心的工作情况，检查指导客服岗工作，进行必要的复核、查账，监督票务政策的执行情况。

（5）在规定时间内完成解行工作。

（6）运营结束后完成本日营收统计，按要求填写报表，加封车票、现金。

（7）运营结束后到客服中心检查对讲设备、卫生内务，检查是否有遗漏的车票、现金等。

（8）及时更换票箱、钱箱，与值班站长共同做好钱票清点工作，并在运营开始前完成补币、补票。

（9）协助值班站长处理各类乘客事务。

3. 班　后

与下一班客运值班员做好交接，在票务系统上退出账号，确认交班信息无误后签退下班。

图 2-5　客运值班员

三、站务员作业流程

（一）客服岗作业流程

1. 班前

（1）签到，参加交接班会议，学习近期重要通知及当班需注意事项。

（2）首班列车到站前 15 分钟到达客服中心，做好开窗准备。
（3）检查通信设备功能是否正常。
（4）检查票务设备、备品的状态、数量。
（5）检查客服中心内务。
（6）检查客服中心内有无来历不明的现金、车票、票据。
（7）与交班客服岗核对当班台账并签字确认。
（8）开窗售票。

2. 班　中

（1）保持客服中心的整洁，保持票据、报表摆放整齐。
（2）当报表、硬币、车票、票据存量不足时，提前报客运值班员。
（3）保持客服中心门体锁闭，确保车票、现金、票据等安全。
（4）严格按售票作业程序工作。
（5）发现站厅异常情况（乘客携带“三品”，乘客纠纷，老、弱、病、残、孕等特殊乘客进闸等），及时通报相关岗位或行车值班员。
（6）客服岗交接班时，窗口需设置“暂停服务牌”。
（7）最后一趟载客列车到站前 5 分钟停止兑零、售票。
（8）当日运营结束后，收好钱票及当班台账，退出 BOM，关闭验钞机、对讲设备、BOM 电源，锁好客服中心。

3. 班　后

（1）与下一班客服岗做好交接，退出本人账号后返回票务室结账。
（2）确认账实相符后签退下班。

图 2-6　客服岗

（二）厅巡岗作业流程

1. 班　前

（1）签到，参加交接班会议，学习近期重要通知及当班需注意事项。

（2）领取相关钥匙及备品，确认对讲机通话正常后准时到岗。

2. 班　中

（1）引导乘客正确操作 AFC 设备，及时处理 AFC 设备故障，解答乘客咨询，如遇无法解决的问题及时上报行车值班员。

（2）每 2 小时（运营时间内）巡视车站，重点的巡视内容为：消防设备设施的状态，电扶梯运行是否正常，站厅、出入口、通道、设备设施的状态等。

（3）协助完成出站闸机、TVM 等钱箱和票箱的更换。

（4）在上下行末班车到站前 5 分钟在 TVM 上、进站闸机前摆放相应告示牌。

（5）发生紧急情况时，做好信息汇报，并协助值班站长处理事务。

3. 班　后

与下一班厅巡岗做好交接，确认备品状态、数量无误后，签退下班。

图 2-7　厅巡岗

（三）站台岗作业流程

1. 班　前

（1）签到，参加交接班会议，学习近期重要通知及当班需注意事项。

（2）领取相关钥匙及备品及时前往站台交接。

（2）到岗后，检查设备设施齐全完好，与上一班交接完毕向行车值班员汇报。

2. 班　中

（1）负责站台列车接发、列车折返时的清客工作、乘客乘车安全监督工作。
（2）负责站台巡视，引导乘客按地标排队候车。
（3）发现危及行车安全事件及时采取措施。

3. 班　后

与下一班站台岗做好交接，确认站台设施及备品状态、数量无误后，签退下班。

图 2-8　站台岗

第四节　车站开关站

车站每日运营前及完成一日运营后，车站工作人员在值班站长的组织下，按规定时间完成各项工作（详见表 2-2、2-3）。

表 2-2　车站开站程序

序号	时　间	内　容	责任人
1	首班运营列车出段前 30 分钟	完成 AFC 设备补币、补票工作	值班站长、客运值班员
		巡视车站，检查站台和线路出清情况	值班站长、行车值班员
2	首班运营列车到站前 30 分钟	通过 ISCS 开启环控系统并检查运行情况	行车值班员
		配好票，检查客服岗到岗情况	客运值班员
3	首班运营列车到站前 15 分钟	配好票，到岗	客服岗
4	首班运营列车到站前 10 分钟	开启照明	行车值班员
		开启电扶梯、AFC 设备及出入口大门	值班站长、客运值班员
		确认各岗位在岗情况	值班站长
5	开站后	向乘客播放乘车、候车相关广播	行车值班员

表 2-3　车站关站程序

序号	时　间	内　容	责任人
1	末班车到站前 15 分钟	监督检查各岗位情况，提醒各岗位按要求执行相关程序	值班站长
2	末班车到站前 10 分钟	开始播放末班车广播提醒	行车值班员
3	末班车到站前 5 分钟	播放末班车广播，关闭 TVM、进站闸机，并提醒客服岗停止售票	行车值班员、客运值班员
		停止兑零、售票，摆放相关告示	客运值班员、客服岗
4	末班车开出前	确认站台乘客均已上车，无异常情况	值班站长、站台岗
5	末班车开出后 10 分钟内	清站，关闭车站电扶梯	值班站长、客运值班员
6	末班车开出后 15 分钟内	关闭车站出入口	值班站长、客运值班员
7	停止服务后	收拾钱票、整理客服中心备品，退出 BOM，回票务室结算	客服岗
8	关站后	进行当日营收结算工作	客运值班员
9	运营结束后	执行车站节电照明模式，按要求关闭部分环控设备	行车值班员

第五节　车站交接班作业

一、交接班原则

交接班应遵循清楚明了、重点突出的原则，做到接班人员能从日常台账中清楚了解上一班工作情况，重要事项不得遗漏，一般事务则简明扼要。交接完毕、交接双方签认后出现因交接不清而产生的问题时，由接班人员负责。

交接班时，严格执行“三交、三不交”原则。“三交”：交本班作业情况，交车站设备情况，交上级命令指令。“三不交”：一次作业未完成不交，车站设备、备品不齐不交，车站房间卫生不清洁不交。

二、交接班内容

（一）值班站长交接班内容

（1）签阅当班台账记载的相关事项，需重点传达的做好标记。

（2）当班人员情况。

（3）车站设备设施、钥匙、工器具、备品情况，重点交接与行车相关及影响服务设备的报修情况。

（4）交接车站近期新增的安全隐患，落实整改措施。

（5）传达需要本班完成或持续交接的工作事项。

（6）对本班中有上级检查、上级发文等需重点落实的工作内容进行整理总结，做好交接工作。

（7）做好当班工作预想，针对各种情况安排各岗位工作，做好充足准备。

（8）整理站长布置的阶段性工作任务及重点事项。

（9）监督客运值班员交接，确认车站票务备用金、备品数量，交接票务最新政策及通知。

（10）其他需特别说明的情况。

（二）值班员交接班内容

1. 行车值班员交接班内容

（1）进路开通及现地控制工作站工作状态。

（2）交接本班行车计划，查看《行车日志》中当日列车运行图是否有行车计划调整，并确认是否有未完成及待完成计划。

（3）交接施工情况，有无抢修作业。

（4）交接当班调度命令。

（5）行车备品情况（数量及状态），钥匙借还情况。

（6）车控室综合监控各模块及 IBP 盘指示灯状态。

（7）查看设施设备状况，跟进故障报修情况及维修进度。

（8）查看 FAS 主机状态，是否有火警、预警、故障、监管、隔离等指示灯亮。

（9）车控室卫生及 6S 定置是否符合要求。

（10）其他需特别说明的情况。

2. 客运值班员交接班内容

（1）备用金、票款、车票及票据情况。
（2）AFC 设备、钥匙、工器具、备品备件及对讲设备情况。
（3）与票务、客运相关的文件、通知、台账、报表。
（4）其他需特别说明的情况。

（三）站务员交接班内容

1. 客服岗交接内容

（1）票务备品、工器具及通信设备。
（2）票务钥匙。
（3）其他需特别说明的情况。

2. 厅巡岗交接班内容

（1）对讲设备及钥匙。
（2）车站设备设施状况。
（3）其他需特别说明的情况。

3. 站台岗交接班内容

（1）站台行车备品柜的备品。
（2）对讲设备及钥匙。
（3）其他需特别说明的情况。

章节自测

小吴是 S1 线新入职站务员，请以站长的身份为小吴做一次培训，培训过程中小吴表示想详细了解车站各个岗位人员每天都做些什么，以及本岗位所担负的职责，请为小吴解答以下问题。

一、简述车站各岗位工作职责。

二、简述车站各岗位一日作业流程。

第三章 行车组织

行车组织是轨道交通系统完成其运营任务、输送乘客的关键，是为了让列车在线路上正常运行、调整运营、完成乘客运输任务而进行的组织工作，它具有指挥列车运营、组织特殊情况下的列车运行、提高运输能力的重要作用。

第一节 行车基础

一、行车组织原则

S1线列车运行采用双线单向靠左侧行车，双瓯大道站至桐岭站方向为上行，反向为下行。

列车运行图是S1线行车组织工作的基础，司机遵守时刻表规定的时间行车，车站人员需在行车日志上记录列车到发点或备注特殊情况。如图3-1所示。

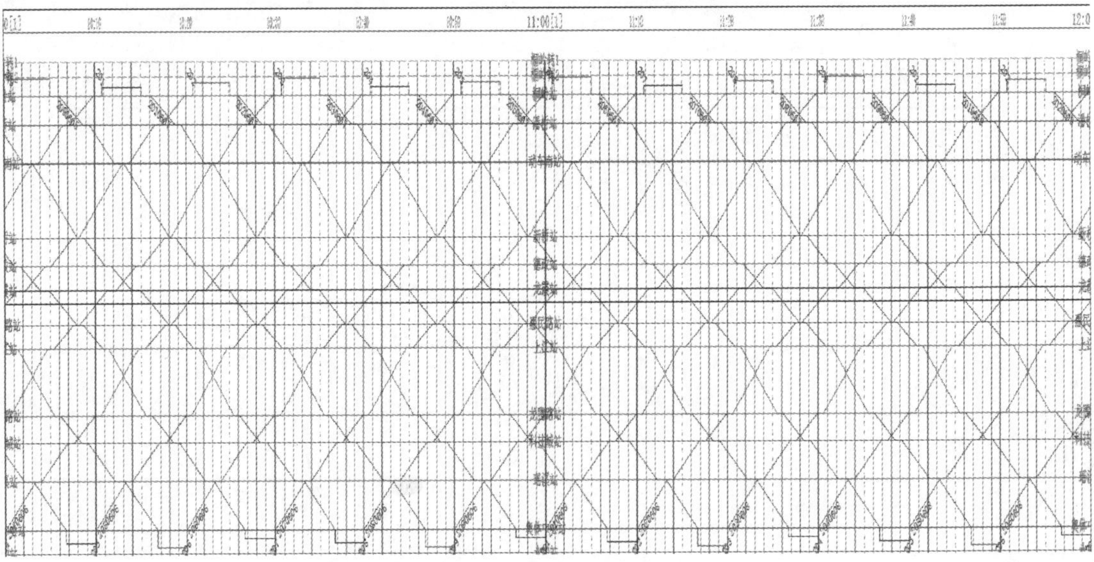

图3-1 列车运行图

S1 线行车时间以北京时间为准，从零时起计算，实行 24 小时制，行车日期划分以零时为界，零时以前办妥的行车手续，零时以后仍视为有效。

正线及配线的行车组织由行车调度员负责，车场内的行车组织由车场调度员负责。所有与正线及配线相关或影响行车的作业，于开始前必须得到行车调度员的批准。

车站人员在使用无线调度台等通信设备进行行车工作联系时，须使用标准用语。数字标准发音详见表 3-1。

表 3-1　数字标准发音

1	2	3	4	5	6	7	8	9	0
yāo	liǎng	sān	sì	wǔ	liù	guǎi	bā	jiǔ	dòng
幺	两	三	四	五	六	拐	八	九	洞

二、运营指挥

（一）组织架构

1. 运营控制中心（OCC）

OCC 是温州轨道交通日常运营管理、设备维修、行车组织的指挥中心，是运营信息收发中心，设有值班主任、行车调度员、电力调度员、环控调度员（包含设修调度职能）等岗位。

2. 车场控制中心（DCC）

DCC 是车场运作管理、车辆维修组织和作业的控制中心，设车场调度员、检修调度员、DCC 值班员，DCC 值班员隶属车场调度员管理。

3. 车站

车站行车工作由行车值班员主要负责，传达、执行 OCC 调度命令。车站需做好行车信息的收集和上报，正常行车情况下监控列车运行、接发列车；非正常行车情况下听从行车调度员指令做好应急故障处理，保证行车安全。

4. 设备设施维保单位

温州 S1 线选择了“整体委外”的新型设备维修保养模式，将专业性强的设备维修养护整体委托给中铁通轨道运营有限公司（以下简称“中铁通”）和温州中车四方轨道车辆公司（以下简称“温州中车”）。其中，中铁通负责除车辆设备以外的行车、客运设备设施的计划性维修和故障维（抢）修，设有生产调度，中铁通内跨部门间设备抢修配合工作由其生产调度统一协调；温州中车负责车辆设备的日常清洁、检修、定修、临修等工作，为运营提供数量足够和工况良好的客车，设有检修调度，温州中车内跨部门间配合工作由其检修调度统一协调。

（二）执行层次

S1 线运营指挥层级分为一级、二级两个指挥层级，二级必须服从一级指挥，一级指挥为行车调度员、电力调度员、环控调度员，二级指挥为车场调度员、值班站长、派班员、检修调度、生产调度。运营指挥执行层次如图 3-2 所示。

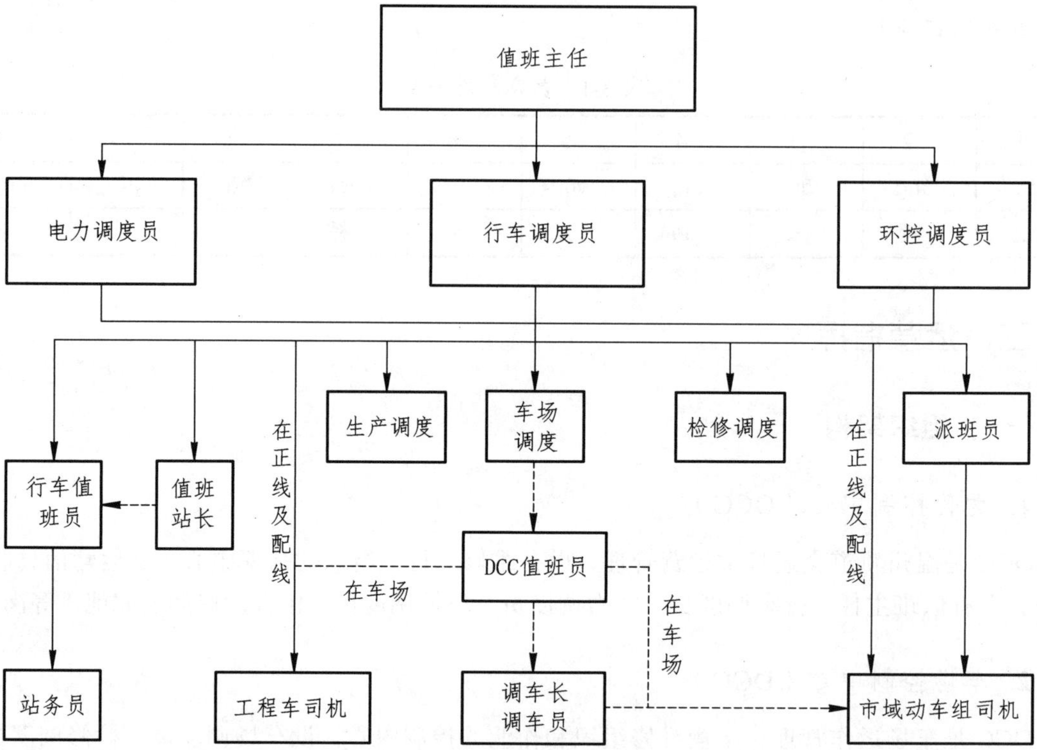

图 3-2 运营指挥执行层次

各级指挥要根据各自职责任务独立开展工作，并服从 OCC 值班主任的总体协调和指挥。行车有关人员必须服从行车调度员指挥，执行行车调度员命令。行车调度员应严格按列车运行图指挥行车。指挥列车运行的命令，只能由行车调度员发布。行车调度员发布命令时，由车站值班站长/行车值班员负责传达。车站传达给司机或其他有关人员的书面命令需盖有车站行车专用章。

三、行车设备

（一）线 路

线路是市域铁路的基础组成部分，通常由钢轨、道床、路基 3 个部分组成，分为正线、配线、车场线。正线是贯穿所有车站、区间供车辆载客运营的线路，包括区间正线和车站正线。配线是在运行过程中为列车提供收发车、折返、检查、临时停车等功能的线路，包括折返线、渡线、联络线、出/入段线、安全线、存车线等。车场线是提供列车车辆段、停车场内作业、停放的线路。

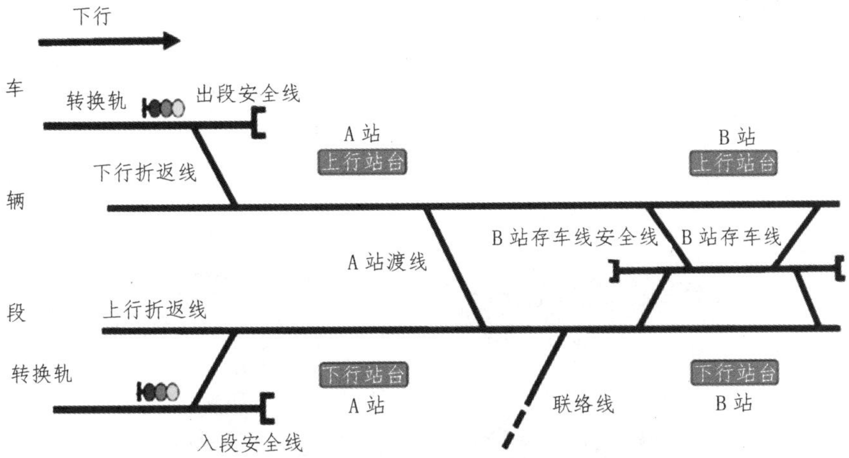

图 3-3　线路示意图

（二）道　岔

道岔是一种使车辆从一轨道转入另一轨道的线路连接设备，最常见的是单开道岔，由基本轨、转辙机、尖轨、连接部分、护轨、翼轨、辙叉心组成（如图 3-4 所示）。目前 S1 线正线除单开道岔外，部分区段采用四机牵引的可动心道岔，由尖轨、基本轨、长心轨、短心轨、翼轨组成，设四台转辙机。单开道岔、可动心道岔示例如图 3-5 所示。

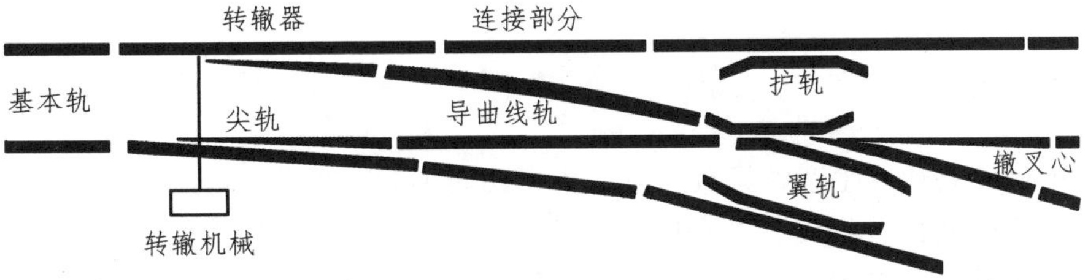

图 3-4　单开道岔组成图

图 3-5　单开道岔、可动心道岔

（三）信号显示设备

信号显示设备包括地面信号、车载信号。地面信号指信号机，是市域铁路基础的行车设备，设置在线路轨道旁，以不同颜色组合显示来为列车提供地面运行信号（如图 3-6 所示）。车载信号是指安装在列车驾驶室内的信号设备，通过轨道电路接收来自地面的信息，形成速度码，提供给列车，从而控制列车运行。

图 3-6　信号机

（四）车　辆

车辆是市域铁路运营生产的运载工具。根据功能不同，车辆可分为客车及工程车两类，主要由机械和电气两部分组成。客车用于输送乘客，一般由车体、车门、车钩缓冲装置、制动装置、转向架构成。工程车是自身带有动力能独立行驶的工程车辆，根据作业内容可分为燃机车、轨道车、接触网作业车、钢轨打磨车等。温州 S1 线市域动车如图 3-7 所示。

图 3-7　温州 S1 线市域动车

第二节 正常情况下的行车组织

温州轨道交通行车组织主要由中央、车站两级控制完成，因信号系统普遍采用列车自动监控、运行模式，OCC及车站可对列车运行状况进行监控，车站正常情况下不办理列车接发作业。

一、调度方式

（一）中　央

正常情况下的调度指挥集中在OCC进行自动化管理，将进路和列车运行的模式控制信息从控制中心下达到车站，再由车站系统按照模式要求控制联锁系统排列进路，控制列车运行。同时，车站系统不断采集沿线列车的运行情况的信息反馈到OCC，为OCC做出进一步的指令提供依据。

正常状态下，OCC级的调度指挥负责管理全线的列车进路和列车运行。当中央级管理失去功能时，将授权车站级担负指挥和管理任务。

在正常情况下的调度指挥过程中，OCC担负以下职责：监控列车的运行位置；监控列车的到站时间，并对比正在执行的运行图；监控列车进路的排列情况；向联锁站下达调整列车运行状态的指令；为车站及乘客提供列车到达信息。

（二）车　站

正常情况下的车站行车组织工作由车站值班站长、行车值班员负责。行车值班员监视行车就地控制工作站的显示状态，使用CCTV设备对列车运行状态、客流状况及客运组织等情况进行监视，站台岗做好站台情况及乘客上下车监控、引导。

在正常行车情况下的调度指挥过程中，车站担负以下职责：监控列车运行情况，即列车到达、开关门、启动发车，记录到发点；监控站台门联动情况，即监控站台门与车门联动是否正常、站台门是否存在无法打开、关闭情况；监控车站内客流状况，即客流量有无明显变化、乘客进出站是否有序、有无其他情况对乘客通行造成影响等；乘客候车情况，即候车秩序是否良好、是否侵入站台安全线、列车到达后乘客上下车速度、站台两端与中部客流分布是否均匀、候车乘客有无异常举动等。

二、进路控制模式

正常情况下，正线列车进路可以由中央ATS系统根据运行计划自动排列及控制，通过对全线列车的位置监视，向需要进行进路排列的联锁区段下达排列列车进路的指令。车站级ATS系统收到相应指令后，向联锁系统发出排列进路自动排列的命令，联锁系统在确认安全后，自动完成相关进路的排列，并将完成情况反馈给中央 ATS，由行车调度员进行监控。

当中央控制中心权限下放到联锁站时，车站 ATS 系统则按照布置的运行计划，完成该联锁站管辖范围内的列车进路的排列。

第三节 非正常情况下的行车组织

非正常情况下的行车组织是相对于正常情况下的行车组织而言的。导致运行发生异常的原因有很多，最常见的是设备故障以及恶劣天气、火灾、大客流等特殊情况。

一、设备故障下的行车组织

设备故障最常见的是信号系统故障，信号系统故障主要包括 ATP 故障、ATO 故障、ATS 故障、信号联锁系统故障、信号设备故障等。

（一）ATP 故障

ATP 故障可分为车载设备故障和地面设备故障。

当地面设备发生故障时，车载设备收不到相应命令，需要司机根据行车调度员命令，切换驾驶模式，人工驾驶列车驶过故障区段，再切回正常模式运行。如地面设备发生大面积故障，则需要值班主任决定是否采用电话闭塞法组织行车。

当车载设备发生故障时，列车无法接收速度码，由市域动车组司机报行车调度员后，重启车载设备，如重启后仍无法建立 ATP 联系，则凭地面信号以限速模式运行，退出服务。

（二）ATO 故障

当 ATO 发生故障时，列车失去自动驾驶功能，司机应立即汇报行车调度员，降级至 ATP 监控下的人工驾驶模式运行，或使用备用车替换故障列车运行。

（三）ATS 故障

当 ATS 发生故障时，ATS 对列车的运行控制及监督功能将无法实现，需要 OCC 及车站人员人工组织行车。当中央 ATS 发生故障时，OCC 无法监视列车运行状态，则需下放控制权至车站，由联锁站监控，启动车站级自动控制系统，各联锁站向行车调度员报各次列车的到发点，行车调度员根据车站报点，铺画列车运行图；当车站 ATS 发生故障时，行车值班员需及时汇报行车调度员，行车调度员加强该区段监控，并组织信号人员抢修。

（四）信号联锁系统故障

当正线信号联锁系统发生故障时，联锁功能失效，故障区域列车位置无法监视，列车运行安全无法保证，此时应采用电话闭塞法组织行车。电话闭塞法是人工办理闭塞的一种行车方法。在无机械、电气设备控制的情况下，车站之间以电话记录号码作为确认区段空闲的凭证，仅凭人为和制度控制，安全系数较低。

1. 电话闭塞法组织原则

当采用电话闭塞法时，行车组织区域原则上为故障联锁区域及两端相邻车站，行车控制权在车站，以电话记录号码作为确认区段空闲的凭证，以路票作为占用区段的行车凭证，以发车手信号作为发车凭证（手信号显示详见附录四），一个区段只允许一辆列车占用，列车以非限制人工驾驶模式运行。

采用电话闭塞法行车的各车站不得办理通过列车，不得组织小交路运行。

2. 启动前期准备

故障发生时，应先确认全线列车位置，行车调度员立即扣停通往故障区域的列车，并令其原地待命。故障区域内各次市域动车组司机向行车调度员报告其具体位置，车站与行车调度员共同确认迫停于车站站台及故障区间的列车位置，故障联锁区有岔站，车站人员做好人工办理进路的准备。

3. 请求/同意闭塞条件

当发车站发车进路准备完毕，车站人员到达安全位置，向接车站请求闭塞。接车站在确认接车进路准备完毕，闭塞区段空闲后，同意发车站的闭塞请求，给出电话记录号码，准备接车。

4. 电话记录号码使用规定

电话记录号码自零时起至 24 时止，按日循环编号。电话记录号码为车站编号加序列号，共四位。前两位为车站编号，后两位为序列号。序列号为 01 ~ 99 循环使用，上行方向编号为双数，自 02 起依次编号；下行方向编号为单数，自 01 起依次编号。

如德政站编号为 06，其上行方向第一趟同意闭塞的电话记录号码为 0602，第二趟为 0604，第三趟为 0606，以此类推；下行第一趟同意闭塞的电话记录号码为 0601，第二趟为 0603、第三趟为 0605，以此类推。

5. 路票填写

当发车站行车值班员接到接车站同意接闭塞的电话记录号码，填写路票核对无误后指派人员交予司机。司机接收路票、与车站人员核对无误后凭车站人员发车信号动车，列车到达前方站停稳后，接车人员向司机收回路票并及时打“×”作废，按规定保存。

路票填写内容包括：车次号和车组号、电话记录号码、区间、行车值班员姓名、行车专用章、日期、“首列车限速 30 千米/h”行车章。如图 3-8 所示。

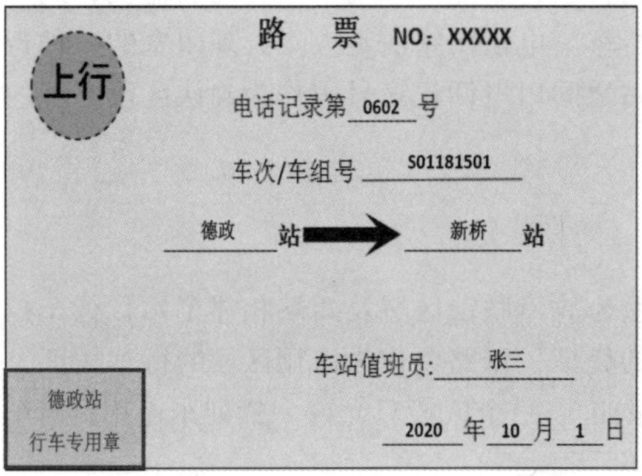

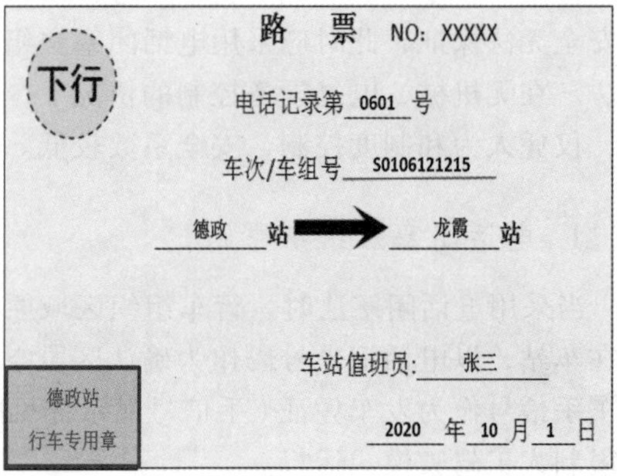

图 3-8 上/下行路票

路票必须按方向的编号顺序逐张使用，路票使用前在车控室由行车值班员亲自发放。路票作为行车凭证不得随意涂写、撕毁，填写时如有添字增句、错误或涂改均应作废，须重新填写。路票填写的日期以接车站承认闭塞时间为准，零时以前办理的闭塞，在零时以后仍视为有效。

6. 报 点

当列车起动后，发车站及时向前方站报到点，等列车到达前方站后，前方站向请求闭塞的后方站报到点，行车值班员将列车到发点记录在行车日志上，采用电话闭塞法的联锁站及两端站须及时向行车调度员报到发点，行车调度员根据车站报点铺画列车运行图，掌握全线列车运行情况。

7. 取消闭塞

联锁设备恢复正常后，行车调度员和车站共同确认故障区域列车位置均能被监视，行车调度员按先后顺序分别向车站及全线司机发布取消电话闭塞法行车的命令。

车站接到取消电话闭塞法行车的命令后，若已向司机交付路票且列车尚未动车，车站人员应立即收回路票，并通知司机恢复正常行车；若已向司机交付路票且列车已动车，司机凭路票继续运行至前方站，在前方站交回路票后恢复正常行车。

（五）道岔故障

当道岔发生故障时，涉及故障区段进路无法自动排列，可由车站行车值班员对此故障道岔单操两个来回，如单操后恢复正常，可正常组织行车；如单操后，故障仍存在，应优先考虑变更进路，按变更进路组织行车；如不可变更进路，通知车站手摇道岔，人工准备进路组织行车。

1. 人工准备进路基本规定

（1）手摇道岔基本规定。

需人工准备进路时，行车值班员根据行车调度员指令，向手摇道岔作业人员发布人工准备进路命令。值班站长准备好进路布置图，召集手摇道岔作业人员到位，准备手摇道岔备品、备件。

地下车站的行车值班员通过 ISCS 检查区间照明开启情况，若未开启及时通知环控调员开启相应区间照明，地面和高架站在夜间需安排人员做好照明工作。

手摇道岔作业人员进入轨行区必须得到行车调度员的许可，作业前防护红闪灯在道岔的来车方向轨道中央 5 米处设置。

作业人员确认道岔位置开通正确、线路出清后，在安全位置（线路上的安全避让点或车站站台）向行车调度员和行车值班员汇报进路准备好、人员工器具出清至安全位置。行车值班员接到进路准备好、线路出清的报告后，立即做好相应线路的接车或发车准备工作并报告行车调度员。

（2）手摇道岔作业流程。

接受命令：行车值班员接受行车调度员命令并复诵，值班站长进行确认。

人员安排：值班站长接行车值班员通知后，安排一名人员（值班员或站务员）进行准备。

准备工具：作业人员穿上荧光衣，携带手持台和手摇道岔工具包（包括：红闪灯、手摇把、钩锁器锁及钥匙、手套、转辙机断电钥匙、扳手、信号灯/信号旗、强光手电、对讲机）按照规定赶赴现场。如图 3-9 所示。

图 3-9　手摇道岔工具

请点：行车值班员向行车调度员请点，请点批准后方可下轨行区作业。

赶赴现场：办理进路人员判断需办理的道岔，按照安全走行路线到达指定道岔位置。到达指定道岔后，向行车值班员汇报，并判断是四动道岔还是双动道岔。若判断为四动道岔，则分岔尖、岔心比照两副双动道岔办理。

确定道岔开通位置：到达故障道岔，确认道岔开通位置是否正确，是否需改变位置，是否有钩锁器，尖轨空隙是否有异物。

转辙机断电：使用转辙机断电钥匙对转辙机进行断电。

摇动道岔：办理进路人员分别将手摇把插入转辙机，将道岔摇到正确位置，听到“咔嚓”落槽声后停止。

确认道岔开通位置：确认道岔开通位置时，须手指口呼并双人确认。

钩锁道岔：用钩锁器在相应位置钩锁道岔，并确认钩锁器稳固，折返站需经常转换的道岔，钩锁器锁只挂不锁。

向行车值班员汇报：道岔摇动正常且开通位置正确时，报行车值班员。

安全避让：进路办理完毕后，确认工具物料已撤离，人员到达安全位置避让，报行车值班员。

销点：进路准备完毕，人员工器具出清，行车值班员向行车调员销点。

（3）手摇道岔作业标准。

手摇道岔作业执行“手摇道岔六步曲”作业标准：一看、二开、三摇、四确认、五加锁、六汇报。如表 3-2 所示。

表 3-2　手摇道岔作业标准

作业步骤	人　员	作业内容	标准用语
一看	主、辅扳道员	到达作业现场	“已到达××号道岔”
	主扳道员	确认道岔现场位置、尖轨与基本轨间无异物、未加钩锁器	手指口呼“道岔现处于定/反位，无异物，未加锁”
	辅扳道员	与主扳道员共同确认现场情况	手指口呼“道岔现处于定/反位，无异物，未加锁”
	主扳道员	接受行车值班员现场布置任务，将道岔摇至定/反位，加钩锁器并加锁	“将××号道岔摇至定/反位，加锁”
	辅扳道员	复诵	“将××号道岔摇至定/反位，加锁”
二开	主扳道员	断开 A 机转辙机电源	手指口呼“A 机已断电”
	辅扳道员	断开 B 机转辙机电源	手指口呼“B 机已断电”
三摇	主扳道员	与辅扳道员同时手摇道岔，直至转辙机内“咔嚓”声响起	“A 机咔嚓声有”
	辅扳道员	与主扳道员同时手摇道岔，直至转辙机内“咔嚓”声响起	“B 机咔嚓声有”
四确认	主扳道员	确认道岔位置、尖轨与基本轨密贴	手指口呼“××号道岔现处于定/反位，密贴”
	辅扳道员	与主扳道员共同确认并复诵	手指口呼“××号道岔现处于定/反位，密贴”
五加锁	主扳道员	加钩锁器，完成后向行车值班员进行汇报	“××号道岔现处于定/反位，已加锁”
	辅扳道员	确认钩锁器加锁完毕	“××号道岔现处于定/反位，已加锁”
六汇报	主、辅扳道员	在安全地点向司机显示道岔开通信号，人员、工器具出清轨行区后报行车值班员	“人员、工具器已出清”

（六）计轴区段故障

当计轴区段发生故障时，计轴设备无法正常监测每个轨道区段的占用，此时应由行车调度员、行车值班员、司机共同确认故障区域内有无列车、人员及其他障碍物。确认符合预复位条件后，由故障联锁站在 IBP 盘上对相应故障计轴区段进行预复位（见图 3-10）。预复位操作完成后，司机在故障区段信号机前以限速的人工驾驶模式凭引导信号通过故障区段。待首列车通过，故障恢复正常后，后续列车按正常速度运行。如果联锁区计轴区段发生大面积故障时，按电话闭塞法组织行车。

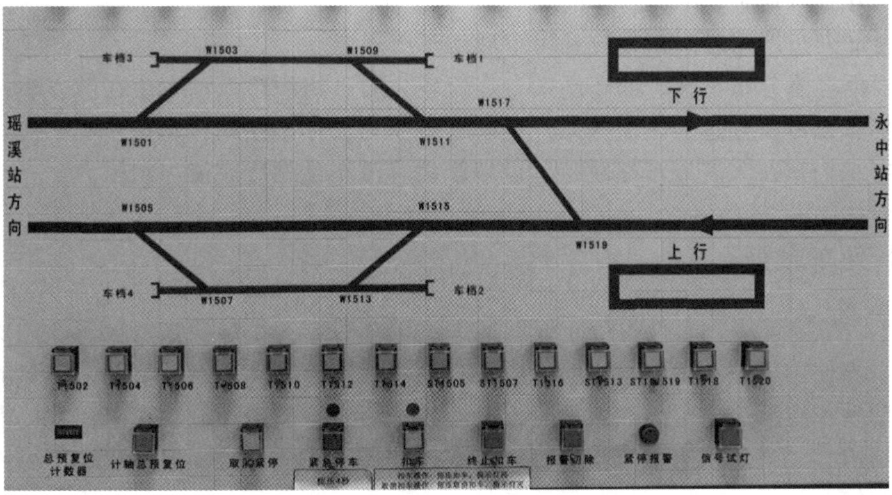

图 3-10 IBP 计轴预复位按钮

二、特殊情况下的行车组织

（一）恶劣天气

遇恶劣天气行车时，司机应加强线路瞭望，根据行车调度员指令减速运行，车站人员加强对站台情况的监视：

（1）当台风造成接触网刮断或物品吹落轨行区影响行车时，立即停车，报行车调度员。

（2）当暴雨造成线路出现积水，积水漫过轨底、轨腰时，列车限速运行；当积水漫过轨面时，禁止列车通过。

（3）当高架及地面线路积雪严重时，减速运行。

（4）当遇大雾天气，能见度低时，司机应减速运行，鸣笛进站。当站台乘客上下车完毕后，司机根据车站发车信号动车。

（二）车站/列车火灾

当车站发生火灾时，如站台有列车停靠，迅速组织乘客上车，关闭车门，驶离车站；接近发生火灾车站的区间列车，不停站通过，后续列车扣停。车站火势较大时，全线暂时停止运行；如火势较小或情况可控制时，可决定以跳停方式或临时改变交路运行。

当列车发生火灾时，如列车可继续运行，运行至前方站清客，后续列车扣停；如列车无法继续运行，则立即组织乘客区间疏散。

（三）大客流

当车站出现大客流时，根据现场实际情况，一般通过以下 3 种方式调整列车运行：

（1）加开临时列车，缩短行车间隔。

（2）增加列车停站时间，充分利用市域动车组运能。

（3）根据客流分布情况，如车站站台客流较大时，组织市域动车组在前方车站清客，中间车站跳停，以尽快到达大客流车站，缓解客流压力；如车站站台客流较小，但站厅客流较大时，则组织列车在大客流车站跳停，以缓解大客流车站站厅客流组织压力。

（四）列车救援

当列车因故障或突发事件迫停正线区间无法动车时，为了尽快恢复运营，需要指派列车前往救援。当使用市域动车组救援时，应尽量使用后续市域动车组并清客，空车前往救援；如后续市域动车组无法空车前往救援时，两车连挂后组织故障市域动车组和救援市域动车组在前方车站清客。当使用工程车救援时，两车连挂后须限速运行，但工程车不得用于救援载客市域动车组。

正线列车救援时，遵循正向推进原则。救援市域动车组推进故障市域动车组运行时，司机应在救援市域动车组前端驾驶室驾驶，故障市域动车组前端驾驶室需有司机进行引导，限速运行；救援市域动车组牵引故障市域动车组运行时，司机应在救援市域动车组前端驾驶室驾驶，限速运行。

章节自测

小王是S1线某联锁站值班站长，当班期间接行车值班员通知，由于正线联锁系统故障，需采用电话闭塞法组织行车，小王接到通知后立即要求车站各岗位人员做好电话闭塞法行车准备。

一、若采用电话闭塞法需人工准备进路，请简述“手摇道岔六步曲”。

二、请简述可能导致出现非正常行车的其他情况。

第四章

车站施工管理

第一节 车站施工分类

车站施工一般按地点及影响范围分类或按时间分类，按照地点可分为 A 类、B 类、C 类施工，按照时间可分为周计划、日补充计划、临时计划及抢修施工。

一、按地点及影响范围分类

施工作业地点一般指正线、车场、及车站。影响范围一般指影响行车、不影响行车、大面积影响客运、不影响客运。施工作业按地点及影响范围分类如表 4-1 所示。

表 4-1　施工作业按地点及影响范围分类表

A 类	影响正线、配线行车的施工	A1	在正线、配线轨行区，需要开行工程列车、市域动车组的施工
		A2	在正线、配线轨行区，不需要开行工程列车、市域动车组的施工
		A3	在车站、分区所、主变电所、控制中心范围内，影响行车设备设施的施工
B 类	车场内的施工	B1	在车场内，需开行市域动车组、工程列车的施工（不含市域动车组、工程列车检修）
		B2	在车场内，不需开行市域动车组、工程列车，但需要进入车场线路限界内，或影响供电、信号等设备运行，或车场线路限界外 3 米内种植乔木、搭建相关设施，或需要动火等影响行车的施工
		B3	在车场内，除 B1、B2 以外的施工作业为 B3 类（办公室、食堂等生活办公设备设施维修除外）

续表

C类	在车站、分区所、主变电所、控制中心等范围内不影响行车的施工	C1	大面积影响客运、消防设备正常使用或需动火的作业（外单位进入变电所、通信设备房、信号设备房、环控电控室、照明配电室、蓄电池室、水泵房、其他气体灭火保护房内作业）
		C2	局部影响客运但经采取措施影响不大、不影响消防及其他设备运行的巡视或巡检、动用简单设备（如动用220 V及以下的电力、钻孔等，不违反安全规定）等施工

二、按时间分类

车站施工计划的分类周期一般是：一周（7天）、一个自然日、一个自然日内的非运营时间、事故（事件）发生后的即时。施工按时间可分为周计划、日补充计划、临时计划、抢修施工。

（一）周计划

周计划是指设备生命周期范围内要求的A1、A2、A3、B1、B2、C1类申报施工计划，每周由设备设施维保单位中铁通及温州中车向S1线施工管理部门提报下一周施工计划，在施工管理部门协调、审核后于周五前发布实施。

（二）日补充计划

日补充计划是指在周计划申报时间范围外的申报施工计划，或对周计划进行调整的申报施工计划。

（三）临时计划

属下列情况的施工，将纳入临时计划：

（1）临时处理后须在运营时间外继续进行设备维修的作业。

（2）运营期间发现的设备故障可在运营时间外进行维修的作业。

（3）处临界状态的故障设备在运营时间外进行维修的作业。

（四）抢修施工

抢修施工是指正线、配线发生各类设备故障或事故需封锁区间抢修的作业，以及正线、配线发生各类设备故障需短时间进行的临时补修作业。

第二节 施工安全

一、施工监管人员

车站每项施工作业需设立 1 名施工负责人，若有辅站则另设施工联络人，外单位施工作业需由归口管理部门指派 1 名施工监管人。施工负责人、施工联络人和施工监管人必须经过培训后取得施工负责人证（见图 4-1），并持证上岗。

图 4-1　施工负责人证

（一）施工负责人

施工负责人是指对整个施工作业的组织、安全及人员管理负全面责任的人员，主要负责作业请销点手续的办理，施工过程中的现场指挥、安全防护措施落实、车站人员联系，以及施工完毕后的人员、工器具出清和设备状态恢复等。

（二）施工联络人

施工联络人是指当同一施工作业在多个地点进行时，负责辅站的施工作业组织、安全及人员管理，其职责类同于施工负责人。

（三）施工监管人

施工监管人是指施工前协助外单位办理施工请销点手续，检查外单位作业人员数量以及劳动防护用品穿戴情况；施工过程中监督外单位的现场施工作业安全；施工结束后核查外单位作业人员、工器具出清和设备状态恢复等的责任人。

二、施工防护

施工防护遵循“谁设置、谁撤除”的原则，实行“自控、互控、他控”的管理手段。所有施工作业必须按施工管理规定以及各专业检修规程的要求设置安全防护措施，确保安全防护到位、杜绝安全隐患，保证施工作业安全。

（一）A 类施工防护

凡进入轨行区的施工人员必须正确穿戴荧光衣、劳保鞋、安全帽，并根据作业性质及作业要求规范使用其他安全防护用品。施工人员应保持所持的器具、材料、零部件等与接触网距离 2 米或 2 米以上，在不清楚接触网是否带电时按带电处理。

1. A1 类施工防护

当运营结束后，需进行 A1 类施工即正线跑车作业时，行车调度员应先发布调度命令封锁列车跑行区域，行车值班员复诵核实调度命令无误后，由车站人员将纸质版调度命令交予停靠在站台的市域动车组司机，司机确认调度命令无误后，方可动车。如图 4-2 所示。

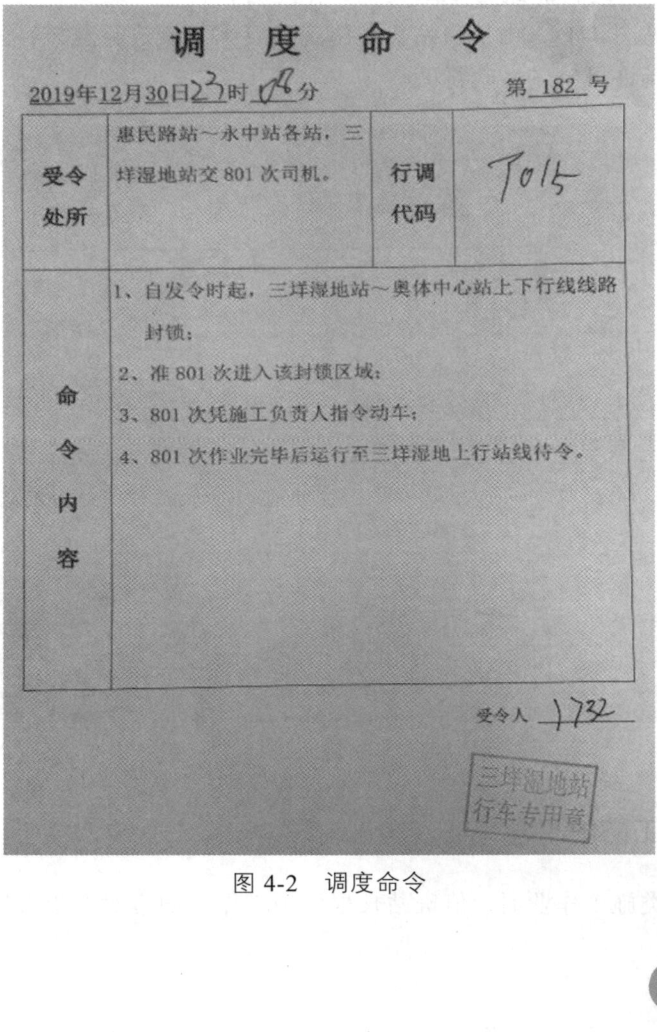
调 度 命 令

2019年12月30日23时04分　　第 182 号

受令处所	惠民路站～永中站各站，三垟湿地站交 801 次司机。	行调代码	T015
命令内容	1、自发令时起，三垟湿地站～奥体中心站上下行线线路封锁； 2、准 801 次进入该封锁区域； 3、801 次凭施工负责人指令动车； 4、801 次作业完毕后运行至三垟湿地上行站线待令。		

受令人 1732

三垟湿地站行车专用章

图 4-2　调度命令

A1 类施工的防护区域不允许安排其他施工作业，A1 类施工及接挂地线处必须按规定设置红闪灯进行防护，红闪灯设置按以下要求执行：

A1 类施工由就近车站人员在作业区域两端端墙外 10 米处各放置 2 盏红闪灯，防护区域端墙处设置 1 盏红闪灯，红闪灯放置在道床中央或轨道上（见图 4-3）。车站行车值班员需登记 A1 类施工设置红闪灯的情况，施工结束后，由车站人员将红闪灯出清轨行区。当 2 个 A1 类施工共用防护区域时，共用防护区域与作业区域分界处各设置 2 盏红闪灯，2 个施工均结束后方可撤除红闪灯。

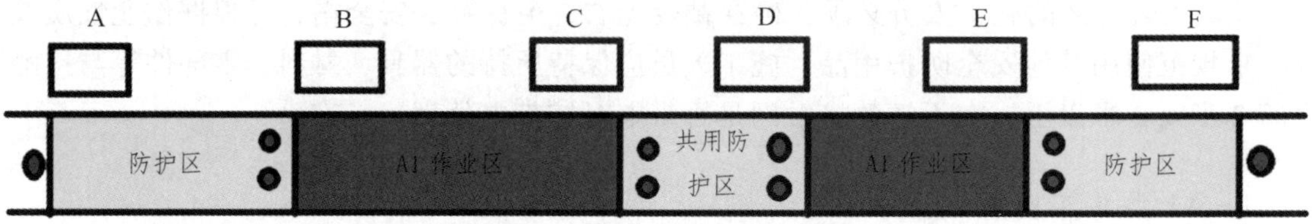

图 4-3　红闪灯放置示意图

2. A2 类施工防护

当运营结束后，需进行非跑马 A2 类施工作业时，行车值班员在完成施工请点后，开具施工进场许可单（见图 4-4），由值班站长与施工负责人对其进行复核，无误后签字确认，施工人员凭借施工进场许可单进入轨行区。

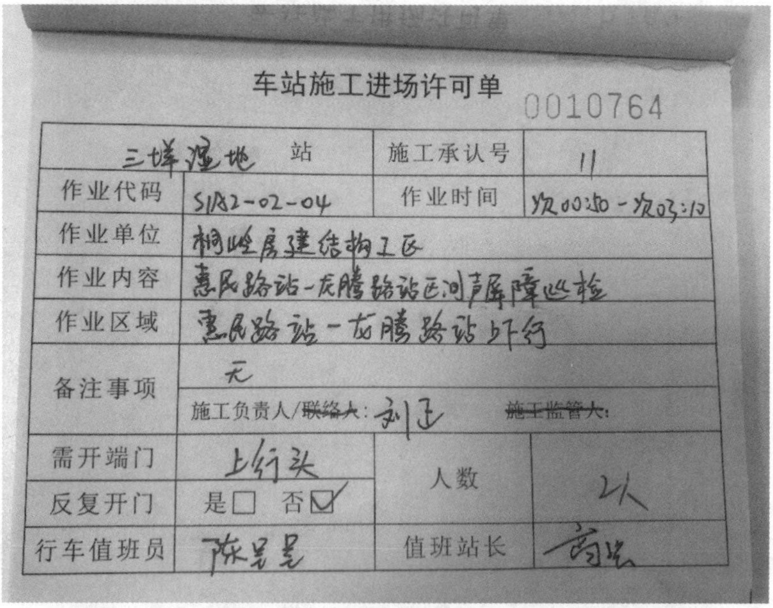

车站施工进场许可单　0010764

三垟湿地 站		施工承认号	11
作业代码	S1A2-02-04	作业时间	次00:30-次03:10
作业单位	桐岭房建结构工区		
作业内容	惠民路站-龙腾路站区间声屏障巡检		
作业区域	惠民路站-龙腾路站上下行		
备注事项	无		
	施工负责人/~~联络人~~：[illegible]　~~施工监管人~~：		
需开端门	上行头	人数	2人
反复开门	是☐　否☑		
行车值班员	[illegible]	值班站长	[illegible]

图 4-4　车站施工进场许可单

（二）C 类施工防护

当车站进行 C 类施工作业时，值班站长根据施工作业内容对施工人员进行必要的安全宣贯，若设备区的施工可能产生大量烟尘或切割作业产生火花的，需提醒施工人员采取防护措施，放置灭火器在施工作业区域，施工作业期间值班站长不定时巡视作业区域，发现超出审批作业内容或作业区域的，应及时制止。

例如焊接车站公共区栏杆的 C 类动火作业时，值班站长应检查施工现场是否配有灭火器，当现场工器具影响乘客通行时，应指派站务人员设置铁马围栏规范作业区域，防止乘客误伤。动火作业许可证如图 4-5 所示。

二级动火作业许可证

2020 年 客运 部 ____ 号

申请单位/部室	中铁通工建部		
动火方式	焊接		
申请动火内容	市政通道沟盖板焊接		
动火地点/部位	动车南站市政通道沟盖板		
申请动火时间	自 XX 月 XX 日 XX 时 00 分始至 XX 月 XX 日 XX 时 XX 分止共 XX 小时		
动火作业负责人	朱 XX	联系电话	15*********
现场安全监护人	符 XX	联系电话	13*********
现场动火人	刘 XX	作业上岗证编号	T5***************
属地管理部室审批意见	签字： 年 月 日 时 分		

序号	安全防护措施	确认人
1	已对动火作业人员做好安全技术交底、消防安全要求及安全措施	
2	动火部位周围/下方可燃、易燃物质和重要设备设施已清除或搬离，对无法搬离的重要设备设施	
3	检查电焊、气割等动火作业工器具安全可靠，表皮无破损	
4	电焊回路线已接在焊件上，电焊线未穿过下水井或与其他设备搭接	
5	乙炔气瓶（直立放置）氧气瓶与动火作业点间的距离大于10m	
6	现场配备合适及足够数量的灭火器可供使用	

现场安全监护人动火前审核	签字： 年 月 日 时 分
属地管理人员动火前审核	签字： 年 月 日 时 分
完工验收	1、动火作业完毕后是否及时清理现场（如电焊机、杂物等） 是□ 否□ 2、检查现场是否确认无残留火种及一切处理妥当 是□ 否□ 3、现场监督直至切割、焊接点的温度将至安全范围 是□ 否□ 本人已对以上内容进行现场确认。 **现场安全监护人签名/日期：**____________ **属地管理人员签名/日期：**____________

（本许可证一式二份，动火管理部室持一份，完工验收后交由属地管理部室存档一份）

图 4-5 动火作业许可证

第三节 施工管理规定

一、施工原则

在运营时间内，原则上不准进行影响市域动车组行车及出入场（段）线的施工作业，原则上也不准进行影响运营服务质量的设备检修施工作业。严禁对处于进路锁闭状态的联锁设备进行检修作业，严禁未经检修人员同意，投用正在检修中的设备。

二、施工请销点

（一）施工请点

1. 施工预想

行车值班员须提前查阅本周施工计划及本日补充作业计划，在施工预想台账上将涉及本班的施工作业进行登记，并与值班站长做好确认。施工开始前，与施工负责人或施工联络人进行电话联络，确认施工内容及是否能够按时请点，如遇无法按时请点的，及时将情况反馈至行车调度员。

2. 请　点

施工开始前 30 分钟，行车值班员核对施工负责人证是否处于有效期、是否与现场实际负责人相符，施工人员数量、人员安全防护、作业单位、作业内容、作业区域、动火作业许可证以及特种设备作业许可证等是否与施工计划相符。如全部符合，辅站行车值班员向主站行车值班员请点，主站行车值班员向行车调度员请点，行车调度员同意后，主站行车值班员传达给施工负责人及辅站行车值班员，该项施工完成请点手续如图 4-6 所示。

图 4-6　施工负责人请点

（二）施工销点

当施工作业完成后，施工负责人或施工联络人应到车控室办理销点，在车站人员现场对施工人员数量、工器具种类及个数（如图 4-7 所示）、设备状态恢复等确认无误后，行车值班员向行车调度员（涉及辅站的，由辅站行车值班员向主站行车值班员）申请销点，行车调度员（或主站行车值班员）同意后，完成销点。

图 4-7　清点人员工器具

章节自测

小李是S1线某站行车值班员,请简述当班期间小李可能遇到的施工类别及每项施工审批工作行车值班员需要掌握的施工请销点流程。

一、简述施工的分类。

二、简述施工请销点流程。

第五章

票务运作

第一节 票务政策

一、票价政策

（一）票价制定原则

目前国内外轨道交通项目实行的票价制定原则，一般是单一票制和计程票制，其中应用较为广泛的为计程票制。计程票制又可分为里程计票制和区段计票制。单一票制是指不论乘车的距离长短，全网发售统一价格车票的票制，如北京地铁2007年至2014年期间曾采用的2元单一票制。里程计票制是以1千米作为基本计价单位，累计加价的计程票制，如广州地铁采用的起步4千米以内票价2元，票价随着千米数范围的增加而递增。区段计程票制是以规定里程作为基本计价单位，累计加价的计程票制，如南京地铁采用的起步8站以内票价2元，票价随着所乘车站数量的增加而递增。

温州S1线票价（见图5-1）采用里程计票制：起步价2元，可乘坐4千米（含4千米）；4～28千米（含28千米）每1元可乘4千米；28～64千米（含64千米）每1元可乘6千米；64千米以上每1元可乘8千米。

（二）优惠政策

轨道交通现已成为人们出行常用的交通工具。已经运营的轨道交通城市根据国家法律法规的要求，不断推进和完善对各类特殊人群的乘车优惠政策。各个城市也会根据当地的市场需求、运营状况等，推出各类乘车优惠政策，以此吸引客流、提供福利。目前温州S1线推行以下乘车优惠（见表5-1）：

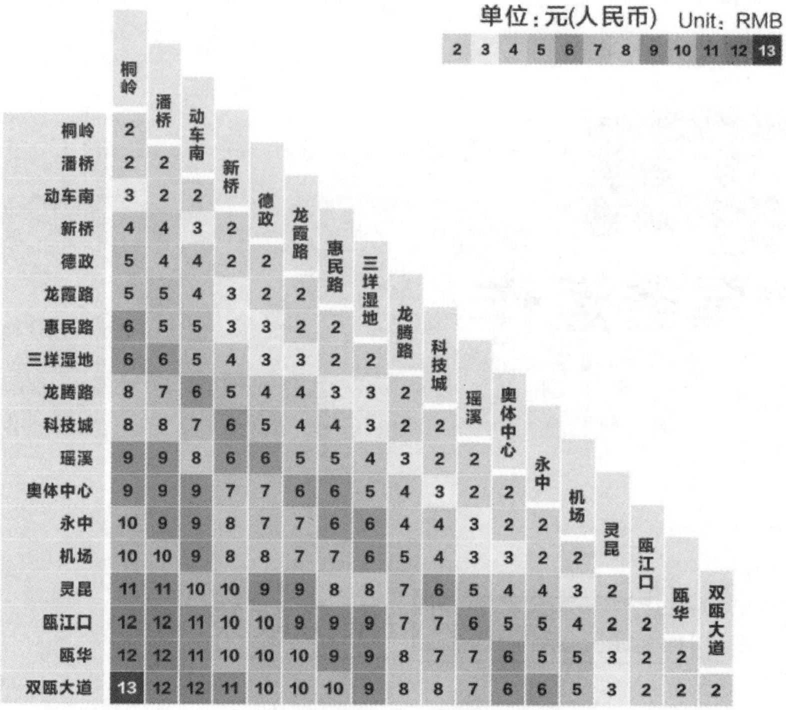

图 5-1 温州 S1 线票价图

（1）离休干部、现役军人、残疾军人、因公残疾人民警察、烈士遗属、因公牺牲军人遗属、病故军人遗属、荣获国家无偿献血奉献奖的献血者、重度残疾人、温州市户籍持证残疾人、消防救援人员，凭本人有效证件免费乘车。

（2）70 周岁及以上老年人，凭本人有效证件免费乘车。

（3）60～70 周岁（不含 70 周岁）老年人，凭本人有效证件享受单程票票价的 8 折优惠。

（4）一名成年乘客可免费携带一名身高不足 1.2 米（含 1.2 米）的儿童乘车，超过一名的，按超过人数购买全票。

（5）乘客持温州市民卡乘车享受单程票票价的 9 折优惠。

表 5-1 特惠政策人群有效证件表

优惠人群	所凭证件	优惠情况
离休干部	中华人民共和国老干部离休荣誉证	免费
现役军人	中国人民解放军军官证	免费
	中国人民解放军士官证	
	中国人民解放军职工证	
	中国人民解放军文职干部证	
	中国人民解放军义务兵证	
	中国人民武装警察士官学校学员证	
	中国人民武装警察部队士官证	

续表

优惠人群	所凭证件	优惠情况
现役军人	中国人民武装警察部队警官证	免费
	中国人民武装警察部队义务兵证	
	中国人民武装警察部队文职干部证	
	中国人民武装警察部队文职人员证	
残疾军人、因公残疾人民警察	中华人民共和国残疾军人证	免费
	中华人民共和国伤残警察证	
烈士遗属、因公牺牲军人遗属、病故军人遗属	浙江省烈士遗属优待证	免费
	浙江省因公牺牲军人遗属优待证	
	浙江省病故军人遗属优待证	
荣获国家无偿献血奖的献血者	浙江省无偿献血荣誉证	免费
重度残疾人	中华人民共和国残疾人证且残疾程度为“一级、二级”的	免费
温州市户籍持证残疾人	中华人民共和国残疾人证	免费
消防救援人员	国家综合性消防救援队伍干部证	免费
	国家综合性消防救援队伍消防员证	
	国家综合性消防救援队伍退休证	
	国家综合性消防救援队伍学员证	
70 周岁及以上老年人	浙江省老年人优待证、身份证	免费
60～70 周岁老年人（不含 70 周岁）	浙江省老年人优待证、身份证	8 折优惠

二、车票使用规定

（一）车票种类

国内轨道交通使用的车票基本有以下几类：单程票，包括普通单程票和纪念单程票；储值票，包括一卡通（如广州的羊城通卡、南京的金陵通卡等）、学生卡、老人卡等；应急纸票；银行卡，包括开通电子钱包功能的市民卡（如宁波市民卡）、开通闪付功能的银行卡；电子车票（如北京地铁推行的“电子定期票”、长三角七城“互联互通”轨道交通 APP 扫码购票）等。

目前 S1 线车票种类有单程票、纪念票、预赋值单程票、应急纸票、福利票、出站票，并支持使用开通温州轨道交通功能的市民卡、带“闪付”标志的银联 IC 卡、温州轨道 APP 二维码。

1. 单程票

单程票适用于所有乘客，可在车站自动售票机上购买，单程票只在当天运营时间内有效，乘客在所购车站进站，乘坐车费以内的车程，出站时由闸机回收。如图 5-2 所示。

图 5-2　单程票

2. 纪念票

纪念票适用于所有乘客，种类包括计时纪念票、计次纪念票。纪念票在出站时刷卡，车票不回收，由乘客保留收藏。纪念票不可充值，不记名，不办理挂失、退票手续。计时纪念票在有效期内使用，不计次、不计程。计次纪念票每次乘车扣一次乘车次数，不计时、不计程。如图 5-3 所示。

图 5-3　纪念票

3. 预赋值单程票

预赋值单程票指预先赋值的有价单程票，在车站自动售票机售票能力不足或车站 AFC 设备全面故障时使用，其样式与单程票相同。

4. 应急纸票

应急纸票在车站自动售票机售票能力不足或车站 AFC 设备全面故障，且预先赋值单程票又售完时使用，是采取人工售检票方式的纸质车票。乘客持该票经车站人员人工检票后，由边门进、出车站。如图 5-4 所示。

图 5-4　应急纸票

5. 福利票

福利票适用于享受优惠政策的相关乘客，可在车站客服中心凭本人有效证件领取，其样式与单程票相同。

6. 出站票

出站票包括免费出站票、付费出站票。

免费出站票是乘客在付费区内因为车票无效、闸门被其他人误用、设备故障或其他特殊情况导致乘客无法出站时，为乘客发售的免费单程票。

付费出站票是乘客在付费区内因为遗失车票（无票乘车）、持因人为折损的无效单程票而无法出站时，为乘客发售的付费单程票。

7. 市民卡

市民卡由温州市民卡公司发行并激活轨道交通功能。进闸时卡内可用额度须大于等于线网最低单程票价。如图 5-5 所示。

图 5-5　市民卡

8. 银联闪付

乘客使用带“闪付”标识的银联 IC 卡直接刷卡进、出车站，进闸时卡内可用额度须大于等于线网最低单程票价。如图 5-6 所示

图 5-6　银联 IC 卡

9. 温州轨道 APP

乘客可下载温州轨道 APP 二维码，绑定支付宝、微信或者银联卡，选择支付方式后获取二维码。乘客可持二维码对准闸机扫描区进、出车站，出站刷卡时自动扣费。如图 7 所示。

图 5-7　温州轨道 APP 扫码界面及方式

（二）车票使用规定

乘客须持有效车票进、出车站，实行一人一票制，即乘客须使用同一张车票进、出闸机，一张车票不可多人同时使用。

乘客须持有效车票乘车，并妥善保管车票。若有遗失、人为损坏车票，须至客服中心补交票款。

单程票在发售当日、当站乘车有效，出站时乘客须将车票插入闸机，由闸机回收车票。

乘客在一个车站进出闸机，单程票直接回收，非单程票以线网最低票价扣除。

单程票没有进闸记录，且票内信息可以读取，当日内可在购票车站，免费办理退票。

三、票务处理规定

（一）超程乘车规定

乘客使用的车票不足以支付所到达车站的实际车费时，须补交超出里程的相应车费。持单程票的乘客须到客服中心补交超程车费更新；持市民卡的乘客须到客服中心用现金按实际车程购买付费出站票。

（二）超时乘车规定

乘客每次乘车从进闸机到出闸机的有效时限为 120 分钟，出闸时超过该时限，乘客不能正常通过闸机，此时须至客服中心补交超时车费。持单程票的乘客按出闸站的线网最高单程票价补交票款；持市民卡的乘客按出闸站的线网最高单程票价相应优惠折扣扣款，当卡内余额不足时用现金购买付费出站票；持银联卡的乘客按出闸站线网最高单程票价从预授权金额中直接扣费，更新后发售免费出站票，乘客持免费出站票出站；凭温州轨道 APP 二维码进站的乘客按出闸站线网最高单程票价直接扣费，更新二维码后发售免费出站票，乘客持免费出站票出站。

（三）超时超程乘车规定

乘客乘车出现既超时又超程的情况，按超时乘车规定处理。

（四）没有进站记录乘车规定

乘客出闸时刷卡异常（即没有进站记录），导致不能正常出闸时，须至客服中心处理。所有票种有进站检票记录而乘客未进站的,可在有进站检票记录之时起 20 分钟内在本站客服中心免费办理更新，单程票更新后不能退票。超过 20 分钟未进站检票的，单程票作废，并予以人工回收，非单程票须扣除或支付上次实际乘车票款。使用银联 IC 卡、温州轨道 APP 二维码的乘客，若 7 日内未处理的，将自动扣除进闸线网最高单程票价。

（五）车票无效乘车规定

于车票若由人为损坏导致卡内信息无法读取而无法出站的，须按出闸站的线网最高单程票价补交票款；车票若由本身原因导致卡内信息无法读取而无法出站的，车站人员回收该单程票并发放一张免费出站票在本站出站。

（六）无票乘车规定

乘客无票乘车，出闸时按出闸站的线网最高单程票价补交票款，客服员发售付费出站票，乘客持付费出站票出站。

（七）退票规定

单程票没有进站记录且票内信息可以读取的，当日内可在购票车站免费办理退票；乘客持单程票乘车，没有到达目的地车站而在其他车站提前下车时，产生的票价差额部分不予退还；由轨道交通运营原因导致乘客退票的，须在 7 日内到任意车站免费办理退票。

第二节 车站票务管理

一、现金管理

车站票务现金由票务备用金与票务现金收入（车站票务收入包括票务现金收入和非现金收入）两部分组成，其中票务备用金专项用于兑零、退票及处理乘客事务等，票务现金收入主要是指来自 TVM、BOM 和充值机的现金票款收益及特殊情况现金票款收益。特殊情况现金票款是指车站人员或 AFC 维保人员在 TVM 内部或找零口发现并取出的卡币，以及在车站范围内拾到的现金。

（一）现金安全管理

车站票务现金只能存放在安全区域，如票务室、客服中心（含临时票亭）、TVM。

客服岗在客服中心处理乘客事务时，应将现金放在乘客接触不到的地方，并做好防盗工作。如图 5-8 所示。

图 5-8　客服岗处理乘客事务

车站人员在车站现金安全区域操作时必须做好安全保护，非操作时必须确保现金处于安全锁闭状态。现金需从一个安全区域转移到另一个安全区域或者送银行解款时，必须做好途中安全防护，降低现金被劫的风险。

运营时间内，非当班票务工作人员进入票务室和客服中心（含临时票亭），必须取得值班站长或以上人员的许可，进入票务室应由一名当班客运值班员陪同；非运营时间内，除需在票务室进行现金处理人员外，任何人员不得进入票务室，票务室摄像监控设备必须 24 小时开启。

票务备用金的使用应遵循专款专用的原则，不准挪作他用。原则上票务备用金不允许站间借用。特殊情况下，借用票务备用金的，借用车站应在规定期限内归还被借用车站。

车站应遵循票款及时清点、及时解行原则，不得违规截留与坐支。每日运营结束后，由客运值班员和值班站长双人进行票务现金收入清点工作，客运值班员负责清点，值班站长负责监督。清点工作必须在票务室监控状态下进行，由客运值班员填写报表并将票款收入封入专用封包，双方在封签上签名后由客运值班员放入保险柜并上锁，于第二天解交至银行。如图 5-9 所示。

图 5-9　双人清点

（二）现金加封规定

所有现金的加封均需双人负责加封，其中一人为客运值班员。现金可用砂纸、信封、钱袋加封，加封后必须保证一经破封无法复原。

使用砂纸加封时，以“十”字加封法用砂纸缠绕归整后的纸币中部加封，砂纸上注明加封内容（如票务备用金、票款及金额等）、加封车站、加封人、加封日期。如图 5-10 所示。

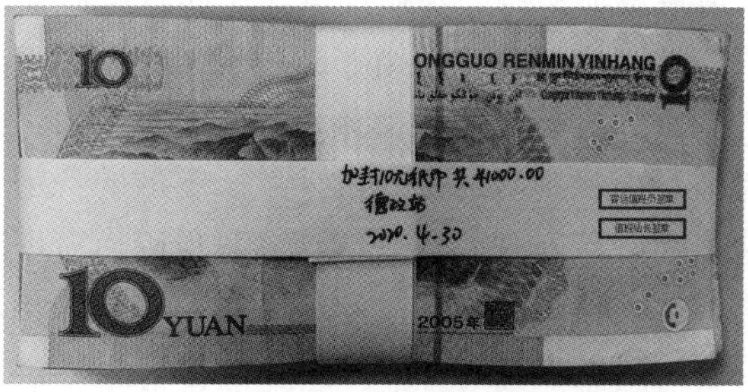

图 5-10　现金加封

使用信封加封时，应先在信封的正面注明加封内容（如票务备用金、票款及金额等）、加封车站、加封人、加封日期。加封时应采用“工字加封”，先将信封口封住，再用砂纸将信封背面的接缝处封住，最后在信封背面砂纸骑缝处及封面上签名。如图 5-11 所示。

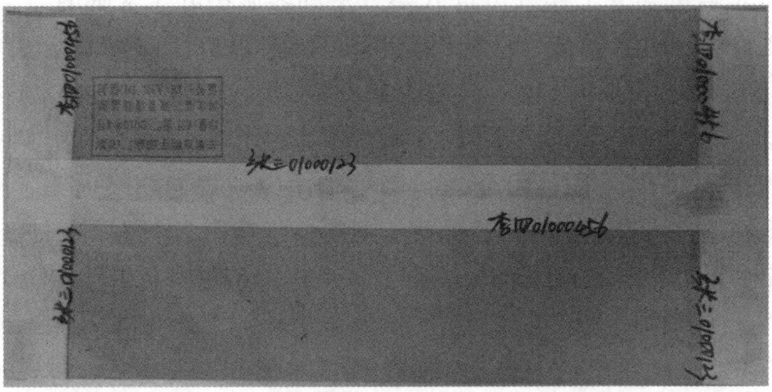

图 5-11　信封加封

使用钱袋加封时，应先用砂纸加封或信封加封后再放入钱袋内，在砂纸上注明加封内容（如票务备用金、票款及金额等）、加封车站、加封人和加封日期。加封时，将钱袋口用绳子缠绕扎紧后再用砂纸缠绕加封。如图 5-12 所示。

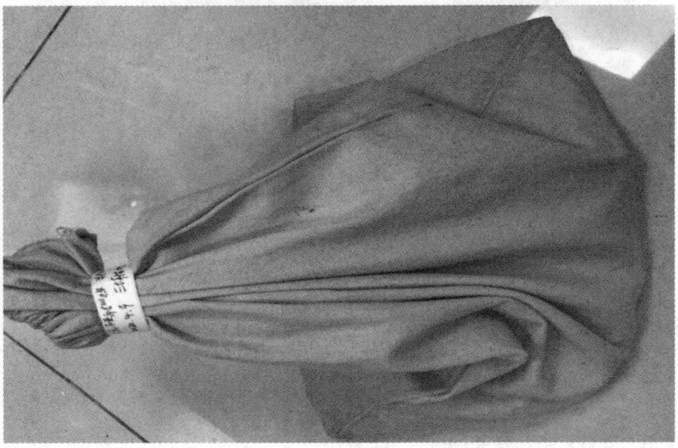

图 5-12　钱袋加封

（三）现金交接规定

每日白班与夜班客运值班员换班时，客服岗结账、解行时通常会涉及现金交接。

当白班与夜班客运值班员换班、客服岗结账时的现金交接必须双人（其中一人为客运值班员）当面在票务室监控范围内进行操作，交接过程中，对已加封的备用金，交接班双人确认加封正确完好后凭加封数目交接；对已加封的票款、零散的备用金，交接班双人须开封，当面清点后确认交接。交接时，若发现已封装的现金封口破损需再次进行清点加封，清点确认无误后双方共同签章加封，如清点发现现金数量不符，则交接双方将该情况上报当班值班站长或站长，调查处理，并记录在交接班本上。

解行时，银行上门服务人员到达车站后，客运值班员需确认银行收款人员的身份无误后，由客运值班员与该银行收款人员进行解行箱交接。在银行上门服务人员接收车站移交的解行箱后，客运值班员应要求银行收款人员在相关交接台账上签章办理接收手续。

二、车票管理

（一）车票安全管理

车票只能存放于票务室、客服中心（含临时票亭）、TVM、BOM、出站闸机、车票回收箱，除特殊原因外，不得在其他地点放置车票。

对有值车票，均应根据票种归类存放于上锁的专票柜或保险柜中。其他车票应按闸机回收票、闸机废票、TVM 回收票、TVM 废票等归类存放于固定的票柜。

有值车票在运送途中，一律放在上锁的售票盒、票箱中，由两名车站员工负责运送安全。

客服岗在客服中心处理乘客事务时，应将票卡放在乘客接触不到的地方，并做好防盗工作。

保管车票时，注意防折曲、刻划、腐蚀、防水、重压和高温等。

（二）车票加封规定

车票的加封需由参与清点的人员负责加封，原则上要求双人加封，其中一人为客运值班员。车票可以使用砂纸、信封、票盒、钱袋加封，其中较为常用的是票盒和信封两种加封方式。加封效果必须保证一经破封无法复原。

使用砂纸加封时，采用“十”字加封法，即将车票用砂纸十字形缠绕后加封，并在封条上注明加封内容、加封车站、加封人和加封日期。

使用信封加封时，应采用“工”字加封法，即先将票务信封口封住，再用封条将信封背面的接缝处封住。在票务信封的正面注明加封内容、加封车站、加封人和加封日期，并在信封背面封条骑缝处及封面上盖章。如图 5-13 所示。

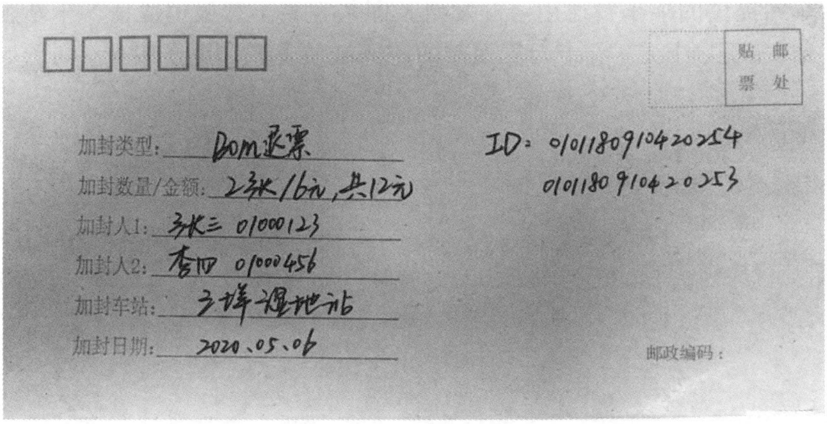

图 5-13　退票加封

使用票盒加封时，采用“十”字加封法，即用砂纸在票盒中间部位十字形缠绕后加封，封条上必须注明加封内容（车票类型、票种、数量、金额等）、加封车站、加封人和加封日期。如图 5-14 所示。

图 5-14　票盒加封

使用钱袋加封时，将钱袋口用绳子缠绕扎紧后用封条缠绕加封，封条上注明加封内容、加封车站、加封人和加封日期。

（三）车票交接规定

车票交接必须双人（其中一人为客运值班员）当面在票务室监控范围内进行操作，交接过程中，对已加封车票，接班人确认加封正确完好后可凭加封数量交接，零散车票按照实点数量交接。

交接时，若发现已封装的车票封口破损，需再次进行清点加封，当清点数量与已加封数量不符时，交接双方将该情况报当班值班站长或站长，调查处理，并记录在交接班本上。

三、票据管理

票据是指车站提供的乘车费通用定额发票，即乘客乘车费报销凭证，车站须留存存根，包括一元、二元、五元、十元、五十元等面额的定额纸质发票和电子发票。如图 5-15、图 5-16 所示。

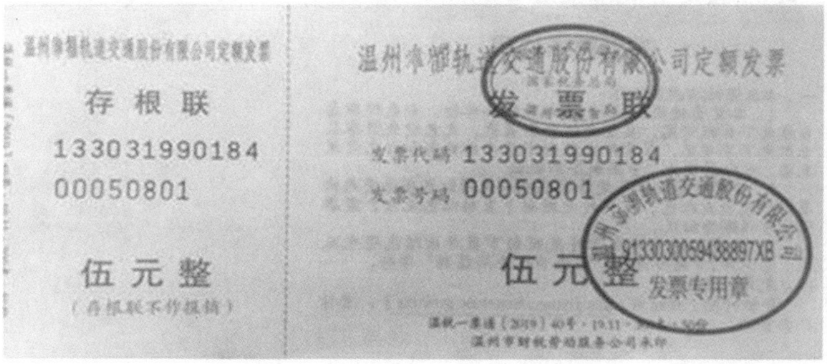

图 5-15　五元纸质发票

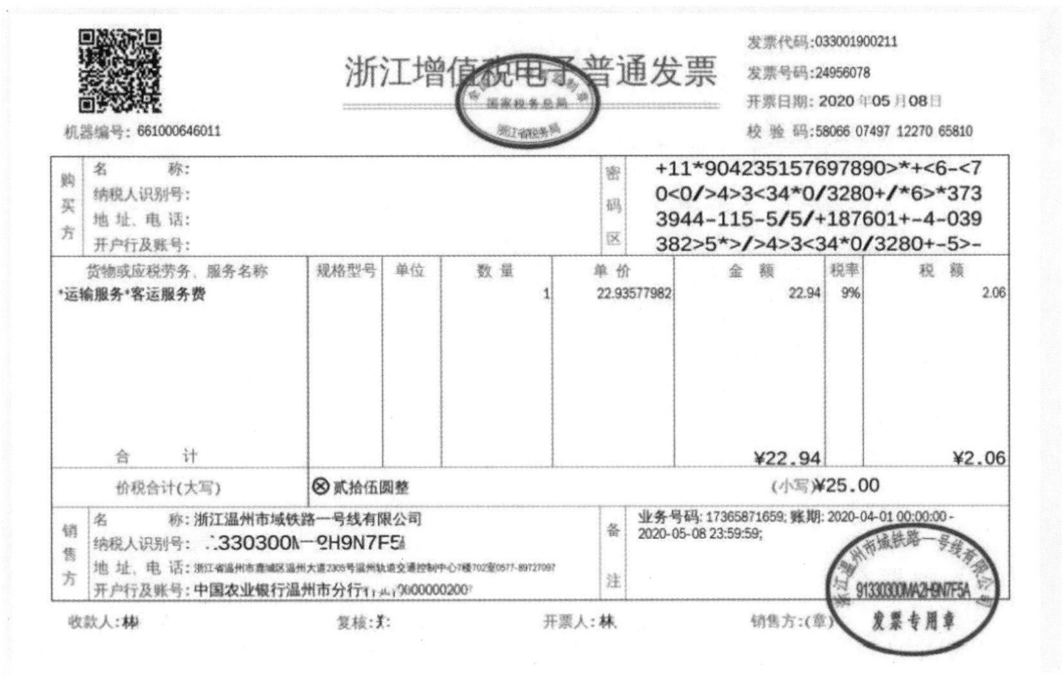

浙江增值税电子普通发票

发票代码:033001900211
发票号码:24956078
开票日期: 2020 年05 月08日
校 验 码:58066 07497 12270 65810

机器编号: 661000646011

购买方	名 称: 纳税人识别号: 地 址、电 话: 开户行及账号:	密码区	+11*904235157697890>*+<6-<7 0<0/>4>3<34*0/3280+/*6>*373 3944-115-5/5/+187601+-4-039 382>5*>/>4>3<34*0/3280+-5>-

货物或应税劳务、服务名称	规格型号	单位	数量	单价	金额	税率	税额
*运输服务*客运服务费			1	22.93577982	22.94	9%	2.06
合 计					¥22.94		¥2.06
价税合计(大写)	⊗贰拾伍圆整				(小写)¥25.00		

销售方	名 称:浙江温州市域铁路一号线有限公司 纳税人识别号: .330300M-2H9N7F5A 地 址、电 话:浙江省温州市鹿城区温州大道2305号温州轨道交通控制中心7楼702室0577-89727097 开户行及账号:中国农业银行温州市分行……0000002007	备注	业务号码: 17365871659; 账期: 2020-04-01 00:00:00 - 2020-05-08 23:59:59;

收款人:林 复核:王 开票人:林 销售方:(章)

图 5-16　电子发票样式

（一）票据使用规定

票据应按照规定的时限与号码顺序自小到大逐本使用。乘客使用单程票乘车时可至目的地车站的客服中心按车票金额领取票据；使用温州轨道交通 APP 二维码购票的乘客，可在温州轨道 APP 领取电子发票；使用银联 IC 卡、市民卡的乘客，须到其发行方处领取票据；特殊情况时，乘客在客服中心（临时票亭）购买的纪念票、纸票等，可直接在所购车站领取票据。

（二）票据保管规定

票据的保管是指对尚未发放的发票及已经派发的发票存根联进行专门的保存管理。车站应妥善保管发票，不得丢失，不得擅自损毁。

车站票据的保管由客运值班员负责，同时应当建立票据使用登记制度，及时记载发票领用、移交、使用、保管等情况，一年归档一次。

票据丢失任一联次，车站责任人员应于丢失两个工作日内连同书面说明报票务中心，同时按丢失票据面额进行补款。

（三）票据加封规定

票据、票据存根联入库时，按号码顺序每十本进行“十”字加封，若票据存根联入库未满十本或不连号，暂不加封。如图 5-17 所示。

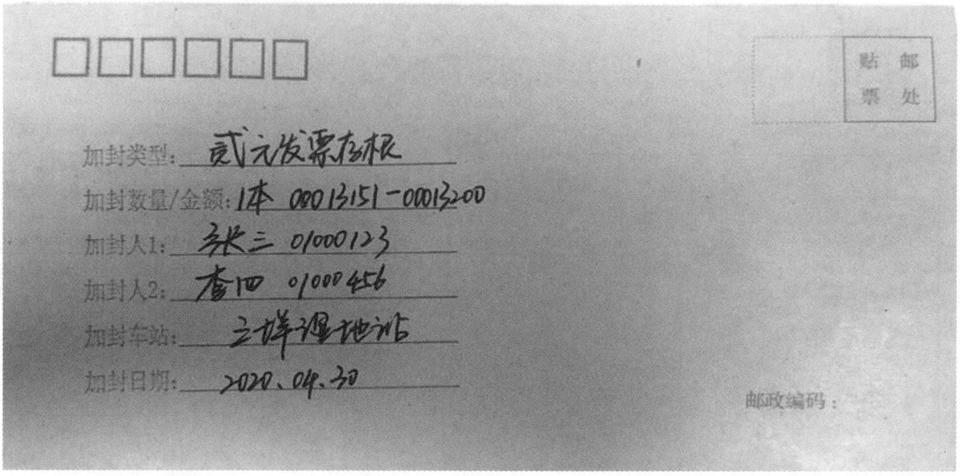

图 5-17　票据存根加封

（四）票据交接规定

票据交接必须双人（其中一人为客运值班员）当面在票务室监控范围内进行操作，双方当面清点后确认交接。交接已加封票据时，接班人确认票据按号码顺序每十本连号“十”字加封，加封正确完好后可凭加封数目交接，零散票据按照实点数量交接。

交接时，若发现实际数量与台账登记数量不符，交接双方将该情况报值班站长或站长，调查处理，并记录在交接班本上。

四、票务钥匙管理

票务钥匙主要是指 AFC 系统设备钥匙（如 TVM 钱箱钥匙、票箱钥匙等）和车站在保管现金、车票、票据等工作中使用到的非 AFC 系统设备钥匙（如票务手推车钥匙、票柜钥匙等）。

（一）票务钥匙安全管理

票柜钥匙、保险柜钥匙、银行尾箱钥匙需锁闭在票务室钥匙盒，票务室钥匙盒钥匙与盒内钥匙均由客运值班员负责交接、保管。票务相关备用钥匙由值班站长负责交接、保管。随身携带票务钥匙由当班随身携带的站务人员作为票务钥匙保管人。票务钥匙柜如图 5-18 所示。

票务相关备用钥匙每次使用后需重新加封。

（二）票务钥匙交接规定

钥匙交接必须双人（其中一人为客运值班员）当面在票务室监控范围内进行操作，双方当面清点后确认交接。交接已加封钥匙时，接班人确认钥匙加封正确完好后可凭加封数目交接，零散钥匙按照实点数量交接。

图 5-18　票务钥匙柜

交接时，若发现实际钥匙数量与台账登记数量不符，交接双方将该情况报当班值班站长或站长，调查处理，并记录在交接班本上。

（三）票务钥匙报废规定

票务钥匙报废时，由值班站长汇总后向站务中心票务工程师提交钥匙报废表。所有报废钥匙在移交票务工程师时，需先由车站人员分类加封，必须注明加封内容（钥匙名称、数量等）、加封车站、加封人和加封日期，并加盖车站专用章。移交时需要做好报废钥匙名称、数量、交接人及交接时间的记录。

五、票务备品管理

票务备品包括钱箱、票箱、点钞机、验钞机、纸币清分机、点币机、点票机、尾箱、票柜、保险柜、配票箱（售票盒）、车票回收箱、票务手推车、临时票亭等。票务备品柜如图 5-19 所示。

客运值班员负责票务备品的保管、使用及交接，并须将票务备品的数量、状态等相关情况记录在交接班本上。遇当班期间票务备品数量有增减时，由客运值班员及时做好记录并告知值班站长；遇票务备品故障时，及时报修和跟进维修情况。

车站人员在使用票务备品时，需轻取、轻放，正确使用票务备品，保持票务备品清洁，避免损坏。

图 5-19　票务备品柜

在使用点币机、点票机、纸币清分机前后，均需检查是否有遗留现金、车票。遗留现金和遗留预制单程票的情况要及时上报，并做好记录。

车站人员在使用票务专用手推车、售票盒（配票箱）前要确认其状态良好后方可使用。

六、票务报表管理

在完成每日的运营结算后，客运值班员需要根据当日营收及清点情况填写相关票务报表（一式二份），经值班站长签章确认后，一份留存在票务室备查，另一份在第二天的规定时间及地点上交给票卡库存管理员。

（一）报表填写规范

1. 报表填写必须真实、准确、完整、及时，填写人员必须严格执行票务规章制度。

2. 属于复写的报表，要求上下一致，字迹清晰、工整可辨认，报表中不需填写的空格需用直尺划斜线标识。

3. 报表填写的数字必须逐个填写，不得连笔书写。对金额一项，小数点后无数时，应写“00”或“/”表示。

4. 报表填写发生错误时，不得刮擦、挖补、涂抹或用化学药水更改字迹。更改内容必须用“划线更正法”。使用“划线更正法”更正时，在报表中错误文字或数字上划一红线，以示注销，要求划去整个错误内容，用黑色签字笔写上正确内容，后由更改人员在该处签章。

5. 报表中若涉及金额项修改，采用“划线更正法”时，须双人签章确认，由填表人用黑色签字笔写上正确内容，与确认人共同签章确认。

6. 报表中若更改次数超过三次时，应另填写一份，原报表作废。报表在作废时，须对整张报表打“×”并加盖“作废”章。作废报表需全部保存，不得撕毁。

车站营收日报

线　　站　　　　年　　月　　日　　　　　　　　　　　　　　　　单位：无

票款结存	备用金	兑零送行	兑零返还	票款封包金额	送行金额
本日	￥8000.00	￥2000.00	￥0.00	￥9900.00	￥11900.00

票款输入		合计
TVM收入	TVM票款收入（1）	￥6000.00
ISM收入	ISM票款收入（2）	￥1000.00
票款结存	储值票充值（3）	￥2000.00
	储值票押金（4）	￥0.00
	单程票出售（5）	￥0.00
	更新（6）	￥600.00
	单程票退票（7）	￥0.00
	预赋值票出售（8）	￥-100.00
	记念票出售（9）	￥600.00
	纸票出售（10）	￥0.00
	其他退款（11）	￥-100.00
	小计（12）	（3）+（4）+（5）+（6）+（7）+（8）+（9）+（10）+（11）：￥3000.00
特殊情况票款（13）		￥100.00
营收总金额（14）		（1）+（2）+（12）+（13）：￥10100.00
补车站短款（15）		￥-100.00
补银行短款（16）		￥-100.00
票款封包金额（17）		￥9900.00
附表	1.附《福利票发售登记表》张；2.附《车票即时退款记录表》张；3.附《车票非即时退款记录表》张；4.附《乘客事务处理单》张；5.附《客服员结算单》张；6.附《票据调配单》张；7.附《车票调配单》张；8.附《车站票卡售存统计表》张；9.附《特殊情况票款登记表》张；10.附《设备补币、清点记录表》张；11.附《封包记录表》张；12.附《车站营收日报》张；13.附《清点记录表》张；14.附《TVM/AGM车票清点记录表》张；15.附《车站票卡月度盘点凭证》张；16.附《车站票据月度盘点表》张；17.其他：	
备注	1.补短款明细:TVM05少找零100元；补昨日银行短款100元。 2.其他：无	

客运值班员签章：李X 600122　　　　值班站长签章：王X 600223

填写当日留存备用金

填写今日兑零金额

填写今日兑零返还金额

填写今日收益封包金额（含补短款）

此栏等于兑零金额加票款封包总金额

填写相关设备收入

填写BOM各岗各项合计

填写所BOM岗的总收入

《特殊情况票款登记表》中“小计”的总额

按公式计算

补交的前一日客服元短款、TVM短款和ISM短款

银行反馈需要补款且未补款的余额

票款封包金额=营收总金额+补设备短款+补银行短款

附今日需上交报表数量

填写补短款的明细情况以及其他需要说明的情况

注：一式两联，一联上交票务车间，一联车站留存。

图 5-20　车站营收日报填写示例

（二）报表保管规定

所有上交报表需统一整理好后放入报表袋中，并由客运值班员、值班站长共同加封。车站当天如有车票、票据调配及上交等业务，需随报表一并上交并按规定时间、地点、方式与票卡库存管理员进行交接。

报表应分类规整，客运值班员应确保报表种类齐全，数量充足，车站所有报表底单的保管年限为 1 年，期限不满半年的报表必须放在票务室内保管，期限满半年的报表按月份打包加封后存放于车站备品库。

报表保管期满由车站人员按年份打包，并列出清单，严禁车站人员私自对票务报表进行注销、销毁。报表存放柜如图 5-21 所示。

图 5-21　报表存放柜

第三节　票务设备操作

车站人员在操作各类票务设备时，应认真执行票务设备操作规范，使用前做好相应设备操作培训，在运营时间段操作票务相关设备的，需做好乘客引导及解释工作，避免造成乘客投诉。在乘客使用过程中遇到困难时，车站人员需提供帮助及指导。

一、操作规范

车站人员在操作过程中不得利用票务设备做与票务无关的事项；不得私自分拆票务系统电脑配件（如打印机、键盘、鼠标等）挪作他用；不得私自将任何电子设备（如 U 盘、移动硬盘、电脑、手机等）与 AFC 设备的任何端口连接。

车站人员操作设备和使用相关设备配件过程（如运送钱箱和票箱、更换钱箱和票箱等），需注意自身和乘客的安全，避免损伤或伤及他人。

车站人员应按时巡视、密切关注票务设备的运行状态，一旦发现设备故障或接到报告，立即由客运值班员前往处理，并在台账上做好记录。

票务设备故障维修时，值班站长须安排车站人员陪同。票务设备维修取出的纸币/硬币钱箱必须立即通知客运值班员或以上级别人员收取。

二、SC 操作

正常情况下，SC 应全日开启，由值班站长、行车值班员、客运值班员负责 SC 操作管理。

车站人员及 AFC 维修人员操作或查询时，须输入本人用户名及密码，操作完毕后，应立即注销退出。在运营开始前，客运值班员确认 AFC 设备是否处于正常服务模式。

运营过程中车站人员须实时监测车站各种设备的状态，当设备出现故障或报警信息时，行车值班员应及时确认对应的设备号和原因，安排人员前往处理，并在故障报修本上做好登记。

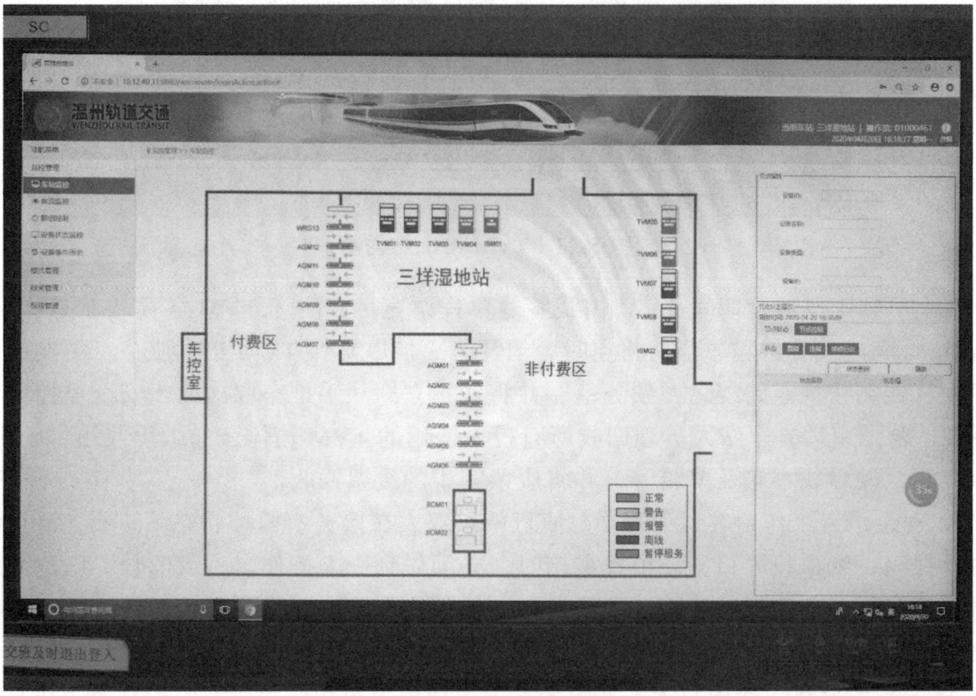

图 5-22　车站 SC 界面

三、TVM 操作

每日运营开始前，各站须提前对投入使用的 TVM 进行补币、补票。TVM 补币、补票操作时，需确保补入的车站备用金、单程票的实际数量和输入的数据一致，操作过程中应按照设备操作规范进行合理操作，避免票箱和钱箱损坏。TVM 内部结构如图 5-23 所示。

图 5-23　TVM 内部结构图

车站人员须确保运营期间 TVM 内找零、单程票充足，注意 TVM 各模块状态，SC 提示 TVM 钱箱将满或找零钱箱、票箱将空时，须及时更换以确保 TVM 正常服务。更换的钱箱必须由双人将钱箱按规定路线运回票务室，并将钱箱立即从手推车取出放于安全监控区域内。

每日运营结束后，车站人员须回收所有投入使用的 TVM 箱体，如纸币钱箱、硬币钱箱、纸币找零箱、硬币找零箱及票箱等，并将废票箱中的废票回收。

TVM 现金清点工作由客运值班员、值班站长双人在票务室监控状态下进行。清点纸币钱箱、硬币钱箱、纸币找零箱、硬币找零箱时，必须做到一人操作，一人监督，已清的应与待清的分开摆放。相应的纸币钱箱、硬币钱箱、纸币找零箱、硬币找零箱、钱袋、点币机和点钞机必须放在监控安全区域，整个清点过程不得遮挡视频监控。

TVM 单程票清点工作由双人（其中一人为客运值班员）在票务室监控状态下进行。清点票箱时，须对票箱逐台清点，严禁混点，补票操作必须在全部车票清点结束后开始。

四、BOM 操作

每天运营开始前，由客运值班员或以上级别人员给客服岗配票，客服岗须使用本人用户名和密码在 BOM 上登录，在确认设备正常后，按车站 AFC 设备操作手册办理车票分析、更新、发售、充值、退款、交易查询等业务。

客服岗在进行 BOM 操作时，在设备对该次操作处理完并出现提示信息前禁止移动车票或读卡器。BOM 打印机故障时，涉及金额与车票的事务（含收取现金、卡上扣费及发售车票），客服岗需比照打印凭证格式和内容开具手写凭证，并加盖车站专用章。

客服岗结束本班后必须及时退出 BOM，每天运营结束后，车站人员不得关闭 BOM 系统电源。

五、AGM 操作

每日 AGM 的运营时间在系统上统一设置，当车站出闸机票箱将满或已满时、每天运营结束后，车站人员需对 AGM 进行票箱更换操作。如图 5-24 所示。

在运营期间更换 AGM 票箱时，需由客运值班员与一名车站人员双人操作；在非运营时间更换 AGM 票箱时，可由一名车站人员单独操作。

图 5-24　更换闸机票箱

六、票务监控操作

车站各票务监控系统操作人员应保持自己职责范围内的设备完整和清洁，尤其是各个区域的摄像头，应保证无污物、异物。

各票务监控系统操作人员须保持监控系统内监控目标的可见性，不得故意遮挡或移动摄像头。各票务重点区域（票务室、客服中心等）的所有票务操作必须在票务监控系统的有效范围内进行。

票务监控系统属于票务专属设备，严禁挪作他用，禁止使用未经允许的外存储设备。

为保持票务监控系统信息的延续性，票务监控系统所有监控范围无论有无作业均需保持照明，照明程度不低于监控系统运作的最低照明（即不影响监控的视频效果）。如遇故障或系统断电造成的不能正常进行实时录影时，须由值班站长在场把关。

未经批准，任何人严禁修改或删减监控录像记录；接触视频监控录像的员工严禁私自复制记录或将记录提供给他人；严禁将视频监控录像发布在互联网或公司内部网站上等行为。

目前温州轨道交通正积极预想“智慧化车站”建设，应用自动化新技术、新设备，提高车站的自动运行能力。在乘客自助服务方面，预想推出“无人客服”和“智能检票”等智慧化功能，预实现乘客乘车自助办理兑零、补票退票、换乘咨询、线路导航、刷脸进站等功能，减少处理乘客事务的排队时间，改变传统人工处理乘客事务的方式，为乘客提供更加优质的出行服务，同时使用新型智能化设备，优化各类票务设备操作，实现设备高效管理，提高运营效率、降低运营成本。

章节自测

车站运营结束后，每日营收结算需要进行现金加封及报表填写等工作，请以客运值班员的身份回答以下问题：

一、简述常见的现金加封方式。

二、简述票务报备填写相关规定。

第六章 客运服务

车站客运服务包括客运组织和乘客服务。客运组织是指以实时客流、客流调查和客流预测为依据，通过计划、组织、协调和管理，经济合理地使用客运设施和设备，采取切合实际的客流组织方式。乘客服务是指车站工作人员为乘客提供的各类与乘车相关的服务举措。

第一节 客运组织

客运组织工作贯彻“流量服从安全，统一领导，分级管理，分工协作”的原则，保证客流有序、秩序可控、疏散有力。按照“超前控制，防治结合”的要求，采取限流、疏导、疏散、清客、隔离等具体措施，并叠加行车组织措施共同发挥作用，保证客运组织工作安全、有序、高效。

一、进出站流程

（一）进站流程

乘客通过安检后，经自动检票机检票进站，进入付费区后，在站台候车、上车，乘车至目的地。乘客进站乘车流程如图 6-1 所示。

（二）出站流程

乘客到站下车后，到达车站站厅，在自动检票机上刷卡验票后出站。乘客出站乘车流程如图 6-2 所示。

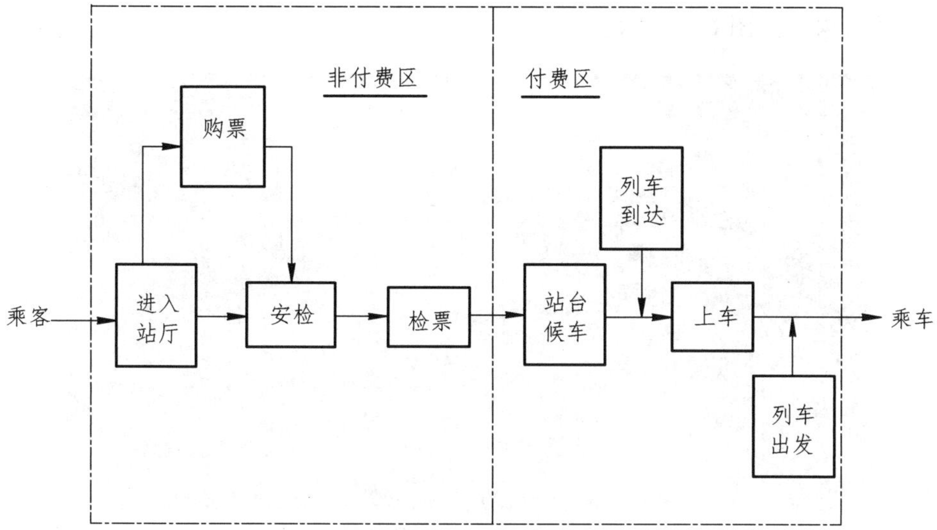

图 6-1　乘客进站乘车流程

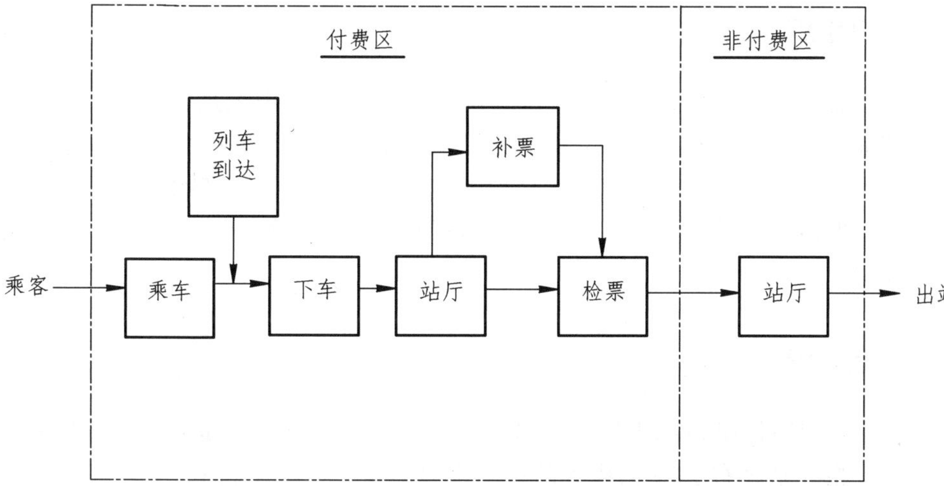

图 6-2　乘客出站乘车流程

二、日常客流组织

正常组织客运时，车站人员应根据本站客流特点，配备各岗位人员。对重点时段、重点岗位，要做到充分的人力安排、物资准备，采取有效措施，以达到客运组织有序、安全乘降的目的。

（一）出入口组织

平峰时，车站设施能够满足客流需求，采用正常的组织方法，即各出入口全部开放，进出站双向使用，必要时可在出入口、楼梯、通道设置分流设施，保证进出站客流不相互干扰。车站人员应加强巡视，避免在出入口、楼梯、通道出现物品堆放、人员长时间逗留等影响乘客正常通行的现象。如图 6-3 所示。

图 6-3　出入口组织

（二）售票组织

在客服中心前组织乘客排队购票时，可利用铁马/导流带等设施进行排队组织，排队方向应以不影响其他乘客通行为宜。在 TVM 前组织乘客购票时，做好引导，实现分散购票，避免乘客大量集中于少量设备处。在进行乘客购票组织时，应特别注意团体出行的人群。此人群在购票时，一般由一人购票，其同行人在一旁等待，要尽量组织同行人到不影响乘客通行的位置进行等待。

（三）检票组织

检票组织时，应遵循出站优于进站的组织原则。车站工作人员提示乘客注意闸机上方显示的绿色箭头。指导乘客右手持卡/码，站在闸机通道外，按顺序刷卡/码进站。

在乘客排队进出站时，应避免出现交叉客流，必要时在进出站闸机分界处使用铁马/导流带进行隔离。

（四）乘降组织

当乘客到达站台后，站台岗应引导乘客在安全线内排队候车，并利用行车间隔进行巡视，巡视时应时刻关注乘客安全；当市域动车组进站时，阻止乘客倚靠或手扶站台门，避免站台门开启时乘客摔倒或被门体夹伤。

市域动车组车门开启后，站台岗应在紧急停车按钮（见图 6-4）附近立岗，监控乘客上下车秩序，时刻做好处理突发情况的准备；当关门提示铃响后，阻止乘客抢上抢下，请其等待下趟列车，防止车门夹伤乘客或影响市域动车组正点发车；当站台门、车门关闭时，须确认站台门、车门关闭情况，发现车门或站台门未正常关闭时，按车门或站台门故障流程处理（站台门故障处理流程详见附录三），避免出现危及乘客或影响行车安全的情况。

图 6-4　紧急停车按钮

对于站台客流不均衡的车站，应在客流较为集中的一端加强引导，引导乘客到站台客流较小的一端候车，当上下楼梯乘客较多时，应引导乘客按导向标识指示有序上下楼梯，并疏导乘客不要在楼梯边缘滞留，保证足够的通行空间，避免造成拥挤。

三、大客流组织

（一）组织原则

大客流时，客流的基本进出站路径与日常路径基本保持一致，但需在出入口、站厅通道、TVM、自动扶梯、闸机等重点部位加强卡控及巡视。

当大客流出现时，坚持点控与线控相结合的原则。车站人员负责掌握本站客流情况，按实际情况启动相应客流组织预案；行车调度员负责掌握线路客流情况，根据车站人员汇报的现场情况，及时合理调配列车资源，共同缓解车站客流压力。

（二）客流组织措施

1. 出入口客流组织

分批放行乘客：对站外有足够等候空间的车站，车站人员在站外组织乘客排队有序等待，通过实时了解站台乘客滞留情况，分批放行。

减少有效宽度：车站人员摆放伸缩围栏调整车站出入口有效使用宽度，以减少单位乘客通行量。

出入口单向使用：当进出站的客流主要聚集在部分出入口时，可采用单口进、单口出的客流控制措施，车站人员需分别在进口、出口做好乘客引导工作。

封闭出入口：车站人员封闭需要关闭的出入口，组织乘客由其他出入口进入车站，同时进行广播及告示宣传，组织乘客由其他出入口出站。

2. 站厅通道客流组织

增加走行距离：车站人员可通过摆放回型导流带/铁马，调整乘客进站走行距离，以减缓乘客进站速度。

3. TVM 客流组织

铁马围栏控制：车站人员可通过摆放导流带/铁马等措施，组织 TVM 前客流有序排队。

关停部分 TVM：车站人员可关闭部分 TVM，以减少设备投入，减缓乘客购票速度。

加派引导人员：车站通过加派 TVM 前引导人员的方式，优化乘客购票效率。

4. 自动扶梯客流组织

关停自动扶梯：车站人员关停进站自动扶梯或改变进站自动扶梯的运行方向，以减缓进站客流量。

改变自动扶梯运行方向：车站人员改变进站自动扶梯的运行方向，以减缓进站客流量。

5. 其他客流组织措施

车站可通过增设临时票亭、发售预赋值票及应急纸票、申请加开市域动车组列车、申请邻站或区段限流等措施，优化车站客流组织。

（三）大客流三级人潮控制

根据客流分布迹象及趋势，大客流从小到大可分为三个预警等级，即三级（非付费区拥挤，站台不拥挤）、二级（站台拥挤，站厅付费区不拥挤）、一级（站厅、站台都拥挤）客流，车站人员根据客流预警级别分别采取三级、二级、一级客流控制措施。

1. 三级客流控制

三级客流是由于车站售票能力的不足，导致乘客大量聚集在非付费区的情况。车站人员应增加本站售票能力，引导乘客快速过闸前往站台候车，可采取以下措施：

（1）加强对进站乘客自动售票机购票引导，使乘客分散购票，必要时设置铁马/导流带，维护乘客购票秩序。

（2）加强对客服中心、自动售票机监控，当客服中心、自动售票机前排队人数达到 8 人以上，持续时间 3 分钟左右，及时增加售票人员。

（3）在站厅使用临时售票亭出售预制票。

（4）改变站厅通往站台的扶梯方向。

（5）对闸机进行设置，视情况将双向闸机设置为进站方向，增加进站速度，可设置隔离带，分隔进出站客流。

（6）加强对站厅乘客广播宣传及人工引导工作。

2. 二级客流控制

二级客流是由于市域动车组的运量不足，导致乘客大量聚集在站台的情况。车站人员应加强乘降引导，并通过控制车站设备设施的运行状态减缓乘客抵达站台的速度，从而缓解站台压力，可采取以下措施：

（1）增派站台工作人员，维护站台秩序，使用手提广播引导站台候车的乘客往站台两端人少的地方候车，提醒乘客在安全线内候车。

（2）引导乘客上下车，加强对站台出站乘客的疏导，加快客流出站速度。

（3）视情况将站厅通往站台的扶梯设置为向站厅方向，缓解站台乘客候车压力。

（4）控制好进站客流，放慢售票速度，关闭部分进站闸机或将部分闸机调整为出站方向。

（5）行车值班员加强站台候车广播及安全广播，加强对站台乘客人工宣传、引导。

3. 一级客流控制

一级客流是由于短时间内激增的客流，导致乘客大量聚集在站厅及站台的情况。车站人员应加强乘客乘降引导，并通过控制车站设备设施的运行状态减缓乘客抵达站台的速度，同时应采取客流控制手段将后续乘客截留在车站出入口外侧，可采取以下措施：

（1）车站人员在出入口处布置回形护栏，控制进站客流速度，防止大客流直接冲击站厅，必要时采取分批放入、临时关闭车站部分出入口或将部分出入口设置为只出不进的状态等措施，同时张贴告示。如图 6-5 所示。

图 6-5　一级客流控制车站出入口单进单出

（2）关闭部分入站闸机，限制进站客流，双向闸机设置为出站方向。打开边门，厅巡岗引导乘客快速出站，并回收单程票。

（3）视情况关闭部分自动售票机，减缓售票速度。将站厅至站台下行扶梯改为上行，加快客流出站速度。

（4）加强对站厅、站台秩序维护及乘客引导，避免发生过分拥挤、乘客骚乱等。

第二节　乘客服务

一、通用服务标准

（一）着装标准

车站人员上班期间应按规定统一穿着工作制服，原则上本站员工应保持制服样式统一，不得私自调整。着装标准（如图 6-6 所示）如下：

（1）工作制服不缺扣、不立领、不挽袖挽裤腿。

（2）衬衣领口、袖口无污损，袖口扣合不得卷起，衬衣下沿应束进裤内。

（3）领带、领花保持清洁整齐。

（4）工鞋应保持干净整洁，定期擦拭。

（5）工号牌佩戴在左胸口袋上沿中部，团（党）徽佩戴于工号牌的中上方。

图 6-6　着装标准

（二）行为标准

车站员工在岗期间应做到行为端正，大方得体，随时随地以良好的精神面貌为乘客提供优质服务。

1. 站姿坐姿

（1）站立时，应保持站姿挺拔、双手自然下垂、两腿并拢，不得背手、抱胸、手插口袋或倚靠墙柱等。

（2）落座时，应保持坐姿端正、抬头挺胸，不得背靠椅背、斜躺、抖腿、以手托腮等。如图 6-7 所示。

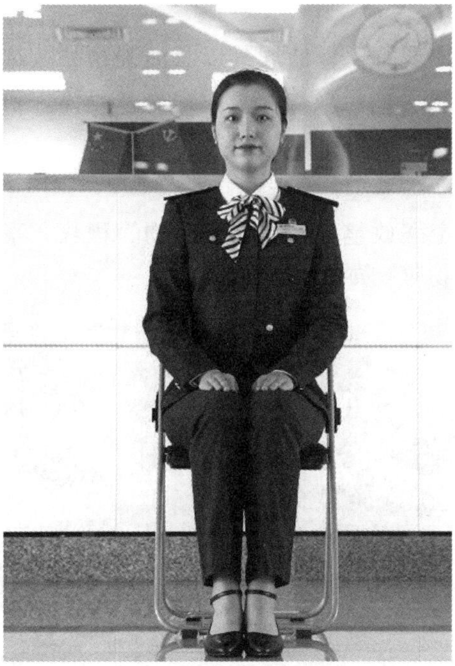

图 6-7　坐姿标准

2. 回答问询

回答乘客问询时，应耐心有礼，面带微笑，若手头有进行的工作应马上停下认真回答，如工作确实无法终止应请乘客稍等，并在结束后第一时间回答。对自己无法回答的问题，应及时请教同事，不得互相推诿。

（三）语言标准

员工在岗时应使用“十字文明服务”用语：“您好、请、谢谢、对不起、再见”，根据乘客的不同身份使用恰当的称呼用语，如先生、女士、同志等；处理违反规定事宜，应态度亲和、以礼为先、得理让人，不得顶撞、意气用事。

回答乘客问题或使用人工广播时，使用普通话，应语调沉稳、圆润，音量适中，语速适宜，接打电话时，应语言准确清晰，内容简明扼要，态度亲切，音量适中，语速适宜，行车专用电话通话时，使用行车标准用语。

使用对讲机时，叙述情况应语言准确、简练、清楚，音量适中，语速适宜，使用准确的专业术语，呼叫、应答时要注意场合和音量。

（四）环境卫生标准

1. 出入口

保持清爽整洁，地面、墙壁及玻璃等处无乱张贴、涂写现象，出入口通道不得堆积杂物。

2. 站厅、站台

地面无垃圾、杂物及污损现象，保洁用具以及商铺物品按规定摆放；门体、墙面墙角、窗户无手印、无泥点、无积灰等；垃圾箱应及时更换，箱体保持清洁。

3. 客服中心

客服中心内部物品按规定摆放整齐，台面无杂物、积灰，亭壁、玻璃干净无污渍、无油渍、无胶渍、无不标准张贴物等。如图 6-8 所示。

图 6-8　车站客服中心

4. 管理用房

室内环境整洁，备品工器具摆放整齐，地面无杂物、积灰，墙壁、天花板无污渍或蜘蛛网，各类设备、文件柜面及工作台面干净无积灰。如图 6-9 所示。

图 6-9　车站办公区域

5. 卫生间

小便池及蹲便器无尿碱、无杂物、不堵塞，每日定时冲洗，地面及洗脸台无纸屑、污渍等。

二、各岗位服务规范

（一）厅巡岗

1. 服务要求

要求厅巡岗不间断巡视站厅，监督站厅设备设施运作及乘客进出站情况等，并根据乘客需要及时提供服务，解决一般乘客问题。重点关注老、弱、病、残、孕等可能需要提供帮助的乘客，特殊人群应主动引导前往乘坐无障碍电梯。

及时处理乘客事务，引导乘客顺利通过闸机，发现乘客携带危险品、宠物、超长、超重等物品进站乘车时应礼貌制止，积极疏导乘客，遇突发情况时，及时向值班站长汇报，遇到情绪激动的乘客，应注意自我保护，尽量避免与乘客发生正面冲突，若乘客行为危及员工人身安全，及时报警处理。

2. 服务技巧

（1）多看：有无异常情况，看有无需要帮助的情况和需要处理的设备故障。
（2）多听：多听乘客对车站服务的意见、建议。
（3）多巡：多走动、多巡视了解站厅客流情况。
（4）多引导：引导乘客到乘客较少的一端购票乘车。

多名乘客同时求助时，根据实际情况分轻重缓急依次处理，必要时报告行车值班员，遇自身无法处理的问题时应及时寻求值班站长或客运值班员的帮助，避免乘客等候过久。

（二）站台岗

1. 服务要求

要求站台岗利用行车间隔积极巡视站台，为有需要的乘客提供帮助，市域动车组即将到站时在规定位置做好接车准备(站台岗接发列车作业详见附录二),车门开启时加强乘降监控，防止夹人夹物等意外情况发生。

2. 服务技巧

（1）四到。
心到：精神高度集中，随时应变异常。
话到：提醒乘客按排队箭头候车，及时进行安全广播。
眼到：密切注意乘客动态及市域动车组运行情况。

手到：主动处理问题，如发现地面有水及时放置“小心地滑”牌，如设备故障及时放置“暂停服务”牌，如地面有脏物时及找保洁人员清理。

（2）四多。

多监控：密切监督站台乘客情况，必要时采取控制措施。

多广播：通过广播提醒乘客看管物品、看好小孩、不得打闹、不得跑闹、不得倚靠站台门、到人少的一端候车等。

多联系：发现异常情况，及时与司机、行车值班员以及其他岗位联系。

多巡视：在每次市域动车组到达间隙巡视站台一遍，巡视时“三步一回头”。

（3）三勤。

勤观察：站台发现乘客伤亡事件或其他异常情况时，及时寻找目击证人并记录。

勤汇报：遇蛮横不讲理的乘客及时与公安联系，不与乘客发生正面冲突。

勤引导：站台客流不均匀时，及时引导控制，防止乘客拥挤。

（三）客服岗

1. 服务要求

要求客服岗出售车票时，应按“一收、二唱、三操作、四找零”的程序（见表 6-1、图 6-10）。

表 6-1　出售车票程序

步　骤	程　序	内　容
1	收	收取乘客购票的票款
2	唱	讲出票款金额，重复乘客要求的购票张数和车票类型，如未听清乘客的要求，应主动礼貌地询问
3	操作	正确、迅速地操作： ① 检验钞票真伪，如钞票为伪钞，则要求乘客重新更换钞票； ② 在半自动售票机上选择相应功能键，处理车票
4	找零	清楚说出找零金额和车票张数，将车票和找回的零钱一起礼貌地交给乘客

当乘客要求分析车票时，应快速正确使用半自动售票机进行分析，并将分析情况耐心告诉乘客。当涉及交易金额时，应主动请乘客确认金额无误后，再做下一步操作，同时有两位乘客等候服务时，按照先付费区后非付费区的原则为乘客服务。

一收

二唱

三操作

四找零

图 6-10 “一收、二唱、三操作、四找零”程序

2. 服务技巧

（1）排队超过 8 人，并维持 3 分钟以上，及时向客运值班员申请实施双人售票和兑零。

（2）在出售及分析车票时尽可能使用功能键，使操作准确而快捷。

（3）所兑硬币垒成柱形，使乘客取币方便、快捷。

（4）预备充足的零钱和车票，掌握存量，及时通知客运值班员追加，保证售票和兑零工作顺畅。

（四）行车值班员

行车值班员值守车控室接听来电时，应严格使用十字文明用语，当车站发生突发事件或意外情况时，行车值班员应积极采取应急措施，播放预录制广播疏导、安抚车站乘客，必要时可采取人工广播对全站乘客进行重要信息的传达。

（五）客运值班员

客运值班员处理乘客事务时，应第一时间到达现场，在大客流前做好准备工作，如提前配票，准备好充足钱、票，确保设备状态良好等，大客流时及时采取措施，加开兑零窗口，安排员工疏导乘客，监控AFC设备状况和客服中心情况，确保设备正常和客服中心零钱、票、发票充足。

（六）值班站长

值班站长负责监督当班整体服务工作，当班期间巡视、指正员工服务工作的不足，确保本班服务质量。

当本班组成员遇到无法处理的乘客事务时，值班站长应及时介入，快速解决乘客问题，避免造成后续投诉。当乘客提出建议、投诉时，应做到谦逊有礼，认真聆听，做好建议、投诉的记录工作，当班收到的乘客建议、投诉应及时处理并尽快答复。

章节自测

国庆期间 S1 线某站遭遇突发大客流，因周边学校较多，回家学生大量聚集于站厅 TVM 前购票导致非付费区拥挤，本站值班站长采取加设人工票亭的方式成功缓解客流压力，客流组织恢复正常。

一、上述情况属于哪一类客流预警等级，还可采取哪些客流控制措施。

二、作为车站厅巡岗，请简述乘客服务技巧。

第七章

安全管理

为了更好地规范车站安全管理，车站除要制定前几章讲到的接发车作业规范、手摇道岔作业流程等安全操作规范外，还需要建立车站安全管理制度、安全管理人员、车站消防安全等安全管理内容。

第一节 车站安全管理制度

车站安全管理制度主要包括安全生产例会制度、安全教育制度、安全生产检查制度和安全隐患制度。

一、安全生产例会制度

车站每月定期召开安全生产工作会议，会议内容主要是：总结本月安全生产工作完成情况，对未完成的进行原因查找、分析，并根据公司安全考核制度进行考核；传达上级安全工作精神，对下月安全生产工作进行研究、布置，并形成车站会议记录。会后，各班组要对车站月度安全工作会议布置的工作进行传达，对重点安全工作进行细化，并形成班组会议记录。

二、安全教育制度

车站各岗位在上岗前均需经过三级安全培训，即公司级、部门级、班组级，其中公司级由公司安全管理部门负责开展，部门级由车站上级管理部门客运部负责开展，班组级由车站负责开展，安全考试合格后方可上岗。对调岗或离岗一年以上重新上岗的员工，须重新接受部门级、班组级安全培训后才可回岗或上岗；对离岗半年以上重新上岗的员工，须重新接受班组级安全培训后才可回岗或上岗。车站负责为每位员工建立安全培训档案即“一人一档”，档案中详细、准确记录安全培训情况，包含培训级别、日期、培训内容简述、成绩、合格标准、授课老师等，安全培训档案随员工本人转移。

同时，车站按年度、季度、月度编制安全培训计划，培训内容包括《中华人民共和国安全生产法》《中华人民共和国劳动法》《中华人民共和国消防法》《生产安全事故报告和调查处理条例》《国家公共安全突发事件应对法》等安全法律法规，以及运营企业相关安全操作规程。

三、安全生产检查制度

安全生产检查分为三个级别，即班组自检自查、部门定期检查、公司监督检查，每个层级的排查都应有执行记录台账存档。车站负责班组自检自查，即车站站长每日对车站行车、施工、治安、消防、设备运行等工作以及客运安全、票务安全、员工人身安全等进行检查，对客流变化、安全关键点、设备异常运行等安全隐患问题整治情况进行重点检查；值班站长每班对车站各生产区域检查巡视不得少于四次，对重点人员、重点时段，进行不定期检查，并进行重点教育、重点跟踪及时纠正违章违纪，对车站各种设备运行情况、备品工具使用保管情况、人员岗位作业情况及消防设施、器材进行检查，发现问题及时处理；行车值班员在车控室不间断地对各项设备运行、列车运行、乘客乘车等情况进行监视；客运值班员每两小时对车站的票务设备、乘车秩序、服务设备巡视一次；站务员随时对所辖区域进行检查巡视，发现安全隐患问题及时上报，及时采取安全措施，避免事故（事件）发生。

四、安全隐患制度

运营企业制订年度安全隐患排查与治理总体实施方案，方案内容主要包括：目标和任务、机构及职责、方法与措施、经费和物资保障及工作计划。车站根据年度总体实施方案，分别制订重大会议、重要节假日、季节变换等特殊时期的专项安全隐患排查与治理实施方案，方案内容主要包括排查治理机构、排查内容、工作方式和时间安排等。车站隐患排查分为制度落实、设备维护、设备操作、培训教育、消防安全、应急管理、安全检查、易燃易爆品、作业管理等九个模块。车站隐患级别分为一般安全隐患、较大安全隐患和重大安全隐患等三个级别。其中，一般安全隐患是指危害和整改难度较小，发现后能够立即整改排除的隐患；较大安全隐患是指危害和整改存在一定难度，可能导致人身伤亡或者经济损失，发现后不能够立即整改排除的隐患；重大安全隐患是指危害和整改难度较大，可能或已经导致局部或全部停运停产，并经过一定时间整改治理才能排除的隐患，或者因外部因素影响，致使运营企业内部难以排除的隐患。

车站对检查出的直接威胁行车安全、乘客安全的重大隐患问题应立即上报 OCC，并采取安全防范措施；发现较大安全隐患立即上报站长，能立即整改的立即整改，不能立即整改的要采取相应安全防范措施；发现一般安全隐患立即整改。

第二节 安全管理人员

运营企业设立安全管理机构，负责全面统筹 S1 线的安全管理工作。各部门设置安全管理分支机构，负责本部门安全管理工作，安全管理机构和安全管理分支机构均配置专兼职安全管理人员。

一、运营企业安全管理机构及人员

运营企业成立安全生产管理委员会（以下简称安委会），安委会下设安委会办公室，安委会办公室一般设在运营企业的安全管理部。安委会办公室负责公司安全生产日常管理工作，并根据公司安全生产实际情况和国家、省市安全工作部署及当前安全生产形势，负责召集安全生产管理委员会会议，安委会主任（一般为运营企业第一责任人）主持，安全生产管理委员会成员（一般为运营企业主要生产部门负责人）参加。如图 7-1 所示。

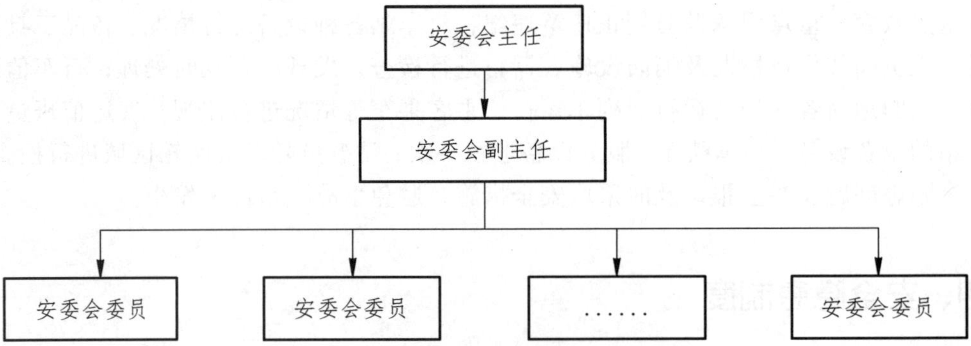

图 7-1 运营企业安全生产管理委员会

安委会办公室为安全生产专职管理机构，负责组织制定运营企业安全生产管理制度，并指导、监督各项安全生产管理制度的执行落实工作，对行车安全、客运安全、设备设施监督、票务稽查、职业健康卫生、消防安全（含消防设施器材）、特种设备监督、隐患排查治理、危险源管控、目标责任制、应急体系、安全宣传等方面实施安全监察管理工作，牵头开展安全生产标准化建设和安全文化建设。

二、车站安全管理机构及人员

车站设置安全生产管理小组，站长为第一安全责任人，对车站安全生产负全面责任。各站配置 4 名兼职安全管理人员，具体负责车站行车、设备、消防、票务、职业健康等安全管理工作。如图 7-2 所示。

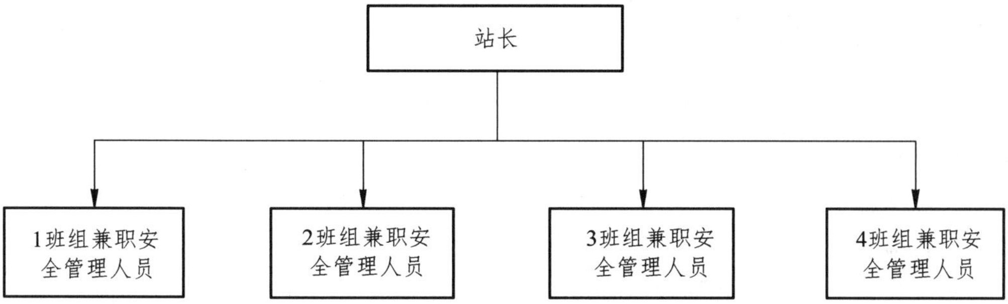

图 7-2　车站安全生产管理小组

第三节　车站消防安全

市域轨道交通车站是人流密集场所，且因车站设备多、房间分布复杂，导致发生火灾后救援及疏散难度较大，因此，车站员工须了解防火、灭火基本知识，并能熟练操作本站消防设施设备。

一、火灾和防火、灭火常识

火灾是指在时间和空间上失去控制的燃烧所造成的灾害。其危害性主要表现在两个方面：一是人员伤亡，二是财物损失。但火灾是可以预防的。燃烧必须同时具备三个条件：可燃物、助燃物、着火源。只有以上三个条件同时具备，燃烧才会发生。

灭火的基本方法有四种：一是冷却法，如广泛使用的方法是用水来灭火，普通可燃物燃烧一般都可以用水扑救，把水喷洒在燃烧区上，使燃烧区的温度迅速降低，使火焰熄灭；二是窒息法，如用湿浴巾、湿麻袋覆盖在燃烧的液化石油瓶上；三是隔离法，如将着火点旁尚未燃烧的可燃物搬至安全地点；四是化学抑制法，即使用化学灭火剂喷在燃烧物的表面，以达到灭火效果。

二、防火工作重点

对于车站而言，站内的变电所、蓄电池室、环控电控室、通信设备房、信号设备房、车控室等重要设备房和管理用房是消防安全重点部位。对于车站消防安全重点部位的防火，要实行“技防”“人防”相结合，严格管理。

技防是指配置火灾自动报警装置和自动灭火装置，从技术设备方面加强预防控制。人防是指制定防火巡查制度和钥匙（门禁）管理制度，张贴警示标语，做好防火教育等工作，从制度完善、人员管理意识和技能提高方面加强预防控制。

三、防火巡查制度

在运营期间的防火巡查，车站应严格按规定进行每日防火巡查，并填写防火巡查记录。在运营期间的防火巡查，应当至少每两小时一次，由值班站长负责。运营结束后应当对车站进行检查，排除隐患。

防火巡查应当填写巡查记录，巡查及确认人员应当在巡查记录上签名。

车站对查出火灾隐患，必须及时整改，暂时不能整改的要采取安全防范措施，制订整改计划并上报。

四、车站逃生与疏散

市域轨道交通车站内有完善的紧急疏散指引标志（如图 7-3、图 7-4 所示），发生紧急情况时乘客、工作人员均应按照紧急疏散指引标志的指引疏散逃生。车站内各设备或管理用房必须张贴紧急逃生与疏散指示图，以便紧急情况下指导人员尽快逃生。

图 7-3　紧急疏散方向指示标志

图 7-4　紧急出口标志

车站发生火灾后，先进行初期灭火，判断火势无法扑灭时，首先做好乘客的疏散组织工作，车站工作人员须熟练掌握本站各个区域的疏散组织路线（如图 7-5 所示），按就近原则组织乘客尽快疏散。

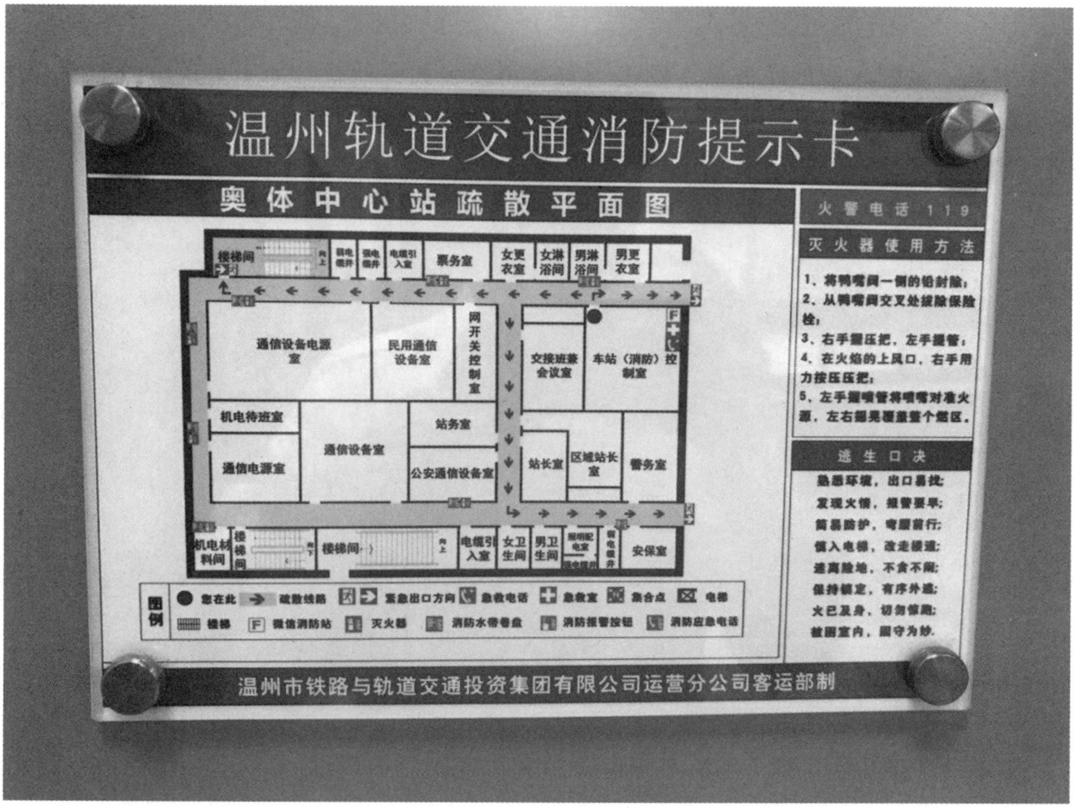

图 7-5　车站疏散平面图

章节自测

小李是一名刚入职的站务员，刚进运营公司没多久，他就参加了公司组织的安全教育培训，在培训过程中他了解到，除公司级的安全教育外还需要参加其他两项安全教育培训，请问：

一、员工需参加除了公司级安全教育外的哪几项三级安全教育？

二、简述小李正式上岗后需要承担的车站安全责任。

第八章 突发事件（故）应急处置

第一节 行车类事件（故）应急处置流程

一、站台落物处置

站台落物是指在运营时间内，站台发生物品掉落轨行区等类型事件，车站人员在处理站台落物过程中，首先应保证自身安全，线路出清完毕后报行车调度员。站台落物处置流程详见图 8-1。

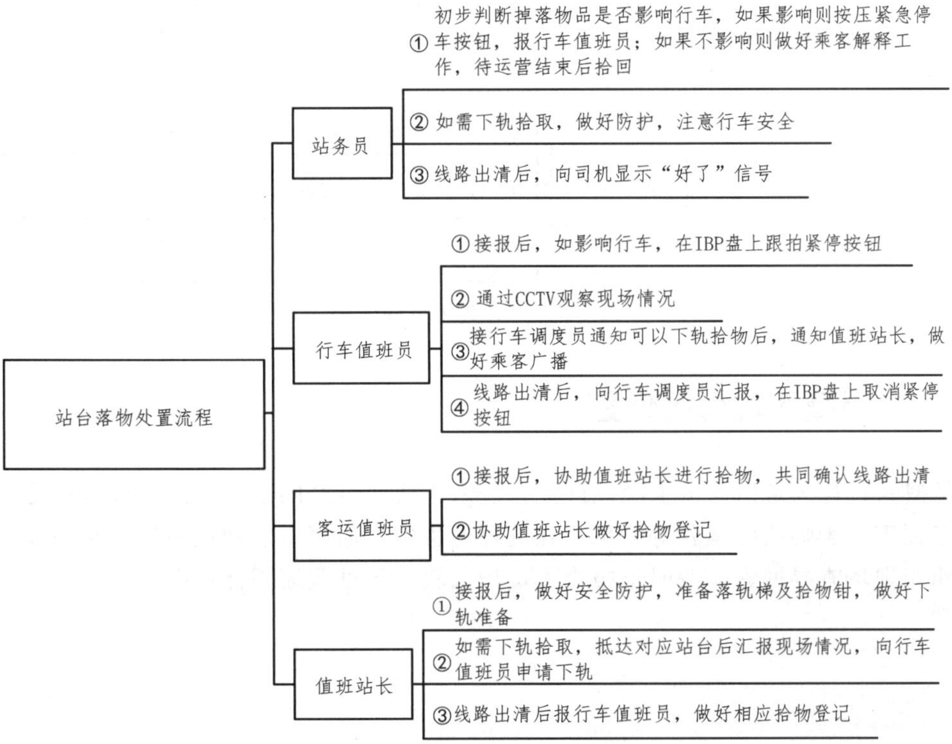

图 8-1　站台落物处置流程

二、站台掉人处置

站台掉人是指在运营时间内，站台发生人员掉落轨行区等类型事件，车站人员在处理站台掉人过程中，首先应保证自身及落轨人员安全，线路出清完毕后报行车调度员。站台掉人处置流程详见图 8-2。

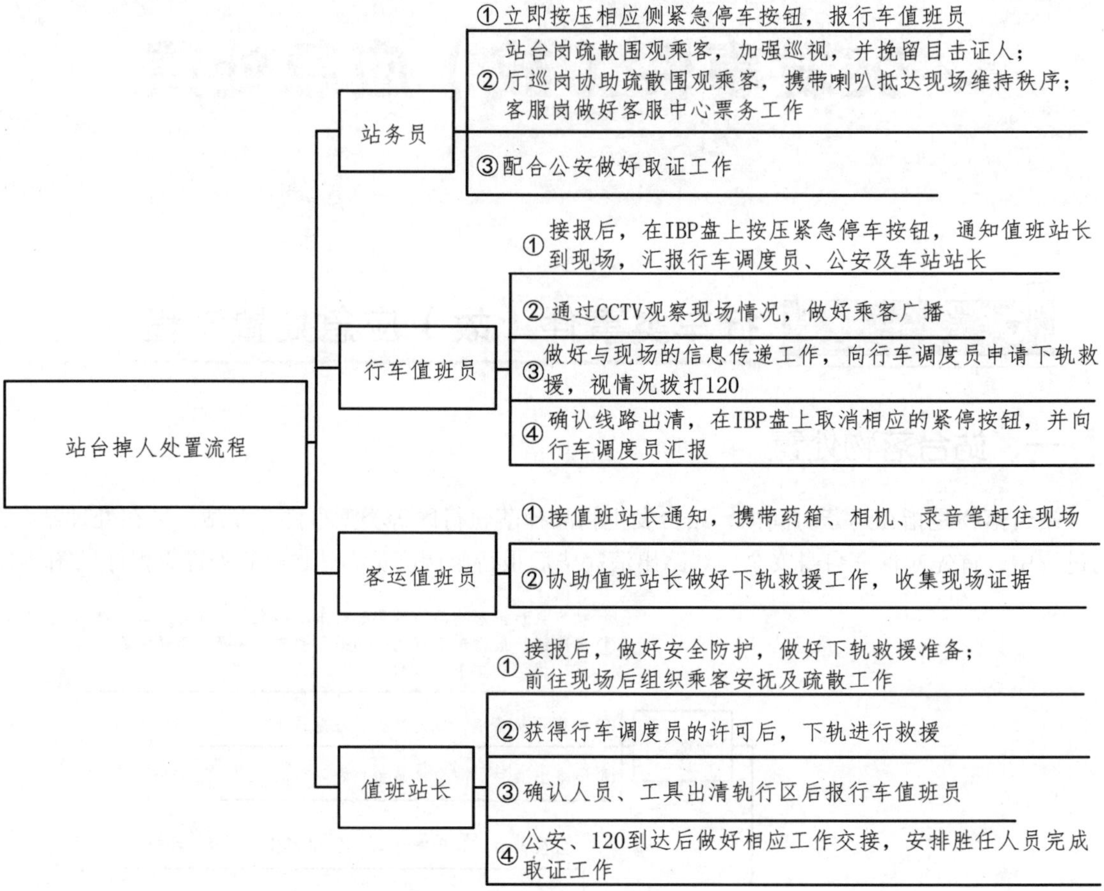

图 8-2　站台掉人处置流程

三、人员擅入轨行区处置

人员擅入轨行区是指人员未经允许擅自进入正线轨行区的事件，此事件可能造成乘客伤亡、设备损害、影响线路运营等后果，在处理过程中，由离事发地点最近的车站成立客运应急队，组织现场查寻搜索，及时上报。人员擅入轨行区处置流程详见图 8-3。

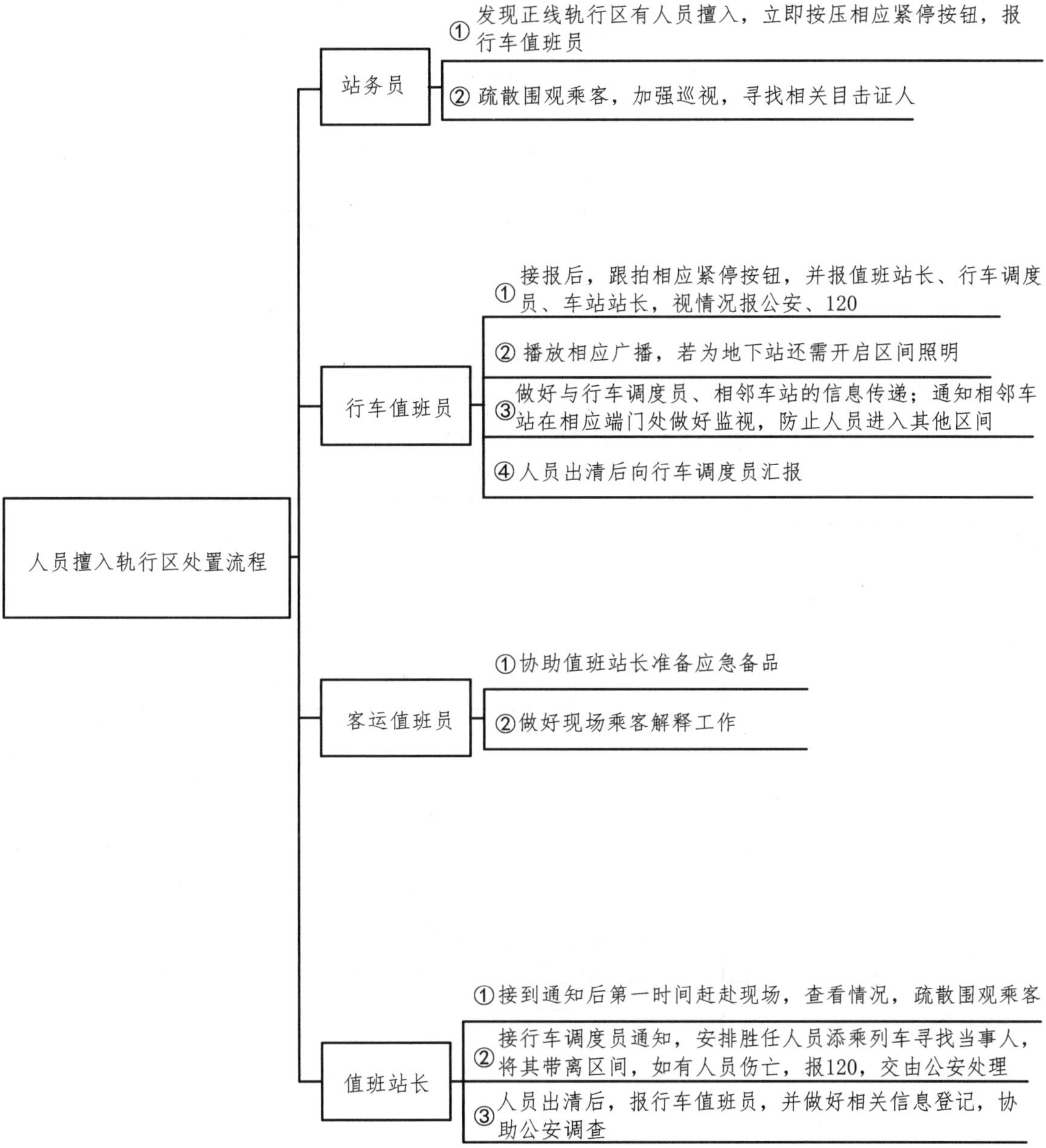

图 8-3　人员擅入处置流程

四、站台门夹人夹物处置

站台门夹人夹物是指在运营时间内，站台发生站台门夹到乘客或其他物品的相关事件，车站人员在处理站台门夹人夹物过程中，首先保证自身及被夹人员人身安全，在处理被夹物品时在保证安全的前提下“先通后复”，现场处置完毕后报行车调度员。站台门夹人夹物处置流程详见图 8-4。

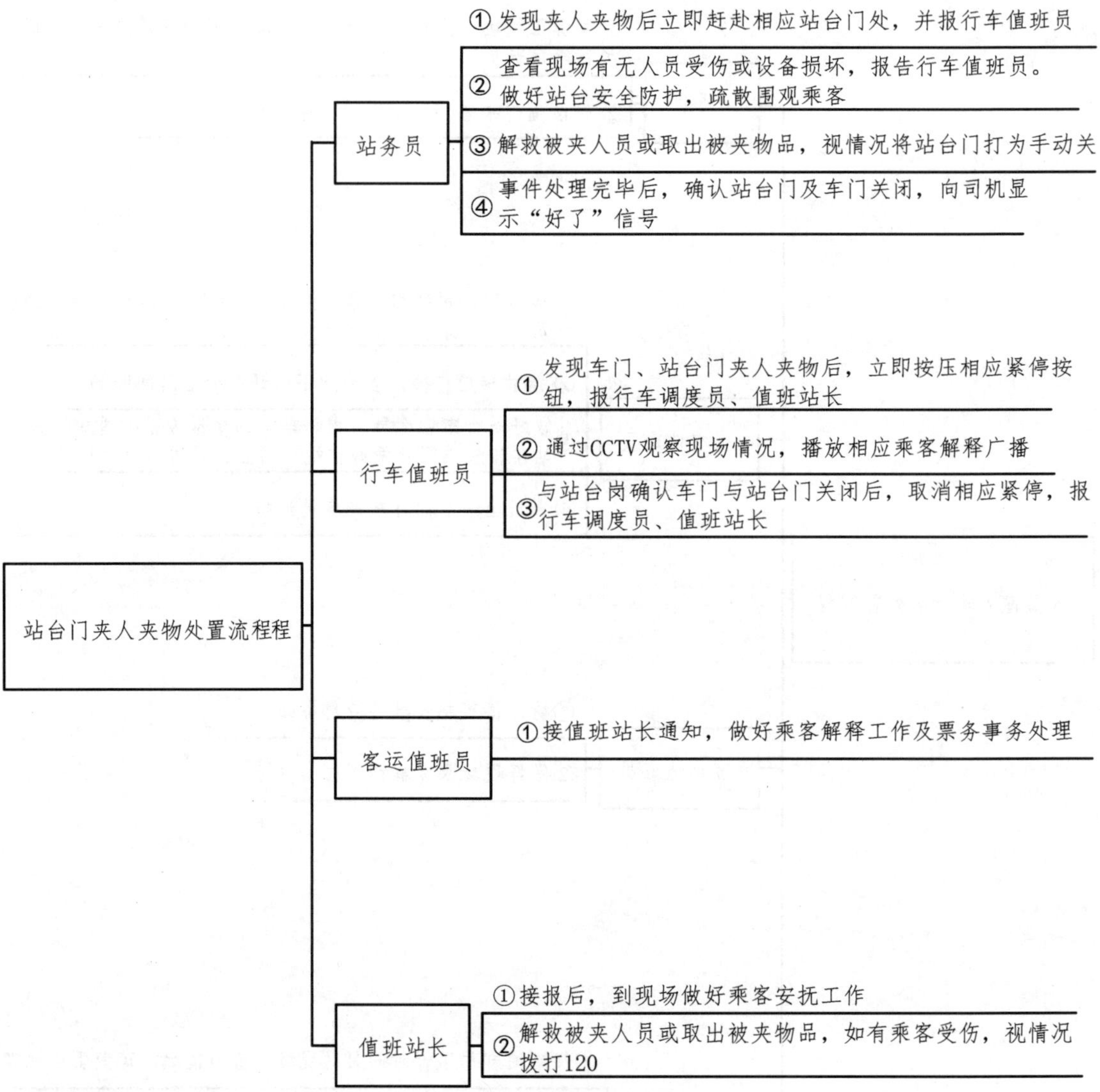

图 8-4　站台门夹人夹物处置流程

第二节　客运服务类事件（故）应急处置流程

一、车站大面积停电现场处置

车站大面积停电是指在运营时间内，车站出现多组、全部设备失电事件，车站人员在处理车站大面积停电过程中，首先应保证自身及乘客安全，做好乘客解释及引导工作。车站大面积停电处置流程详见图 8-5。

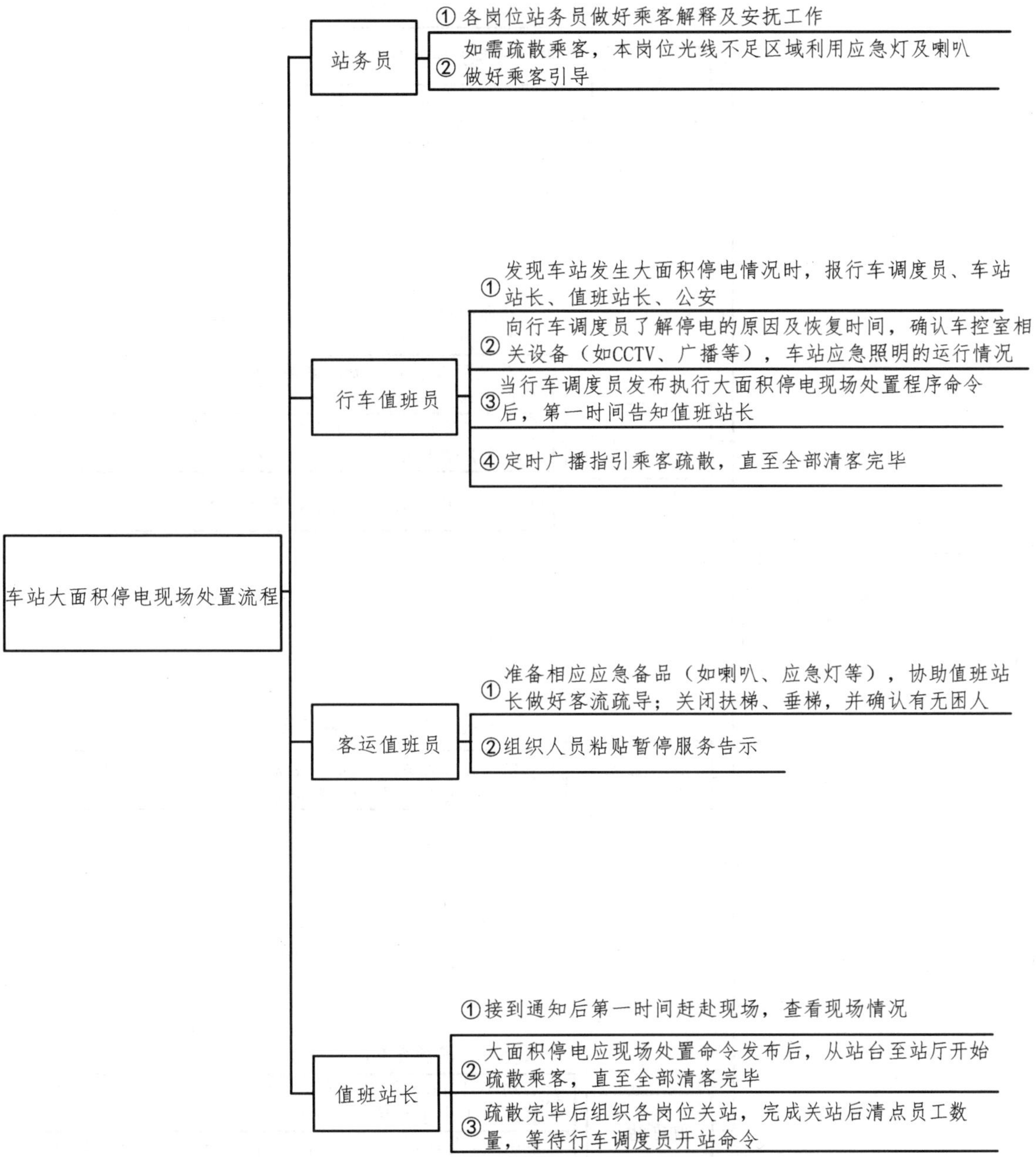

图 8-5　车站大面积停电处置流程

二、AFC 大面积故障现场处置

AFC 大面积故障是指在运营时间内，车站出现多组、全部 AFC 设备故障事件，车站人员在处理 AFC 大面积故障过程中，应注意做好乘客解释及引导工作。AFC 大面积故障处置流程详见图 8-6。

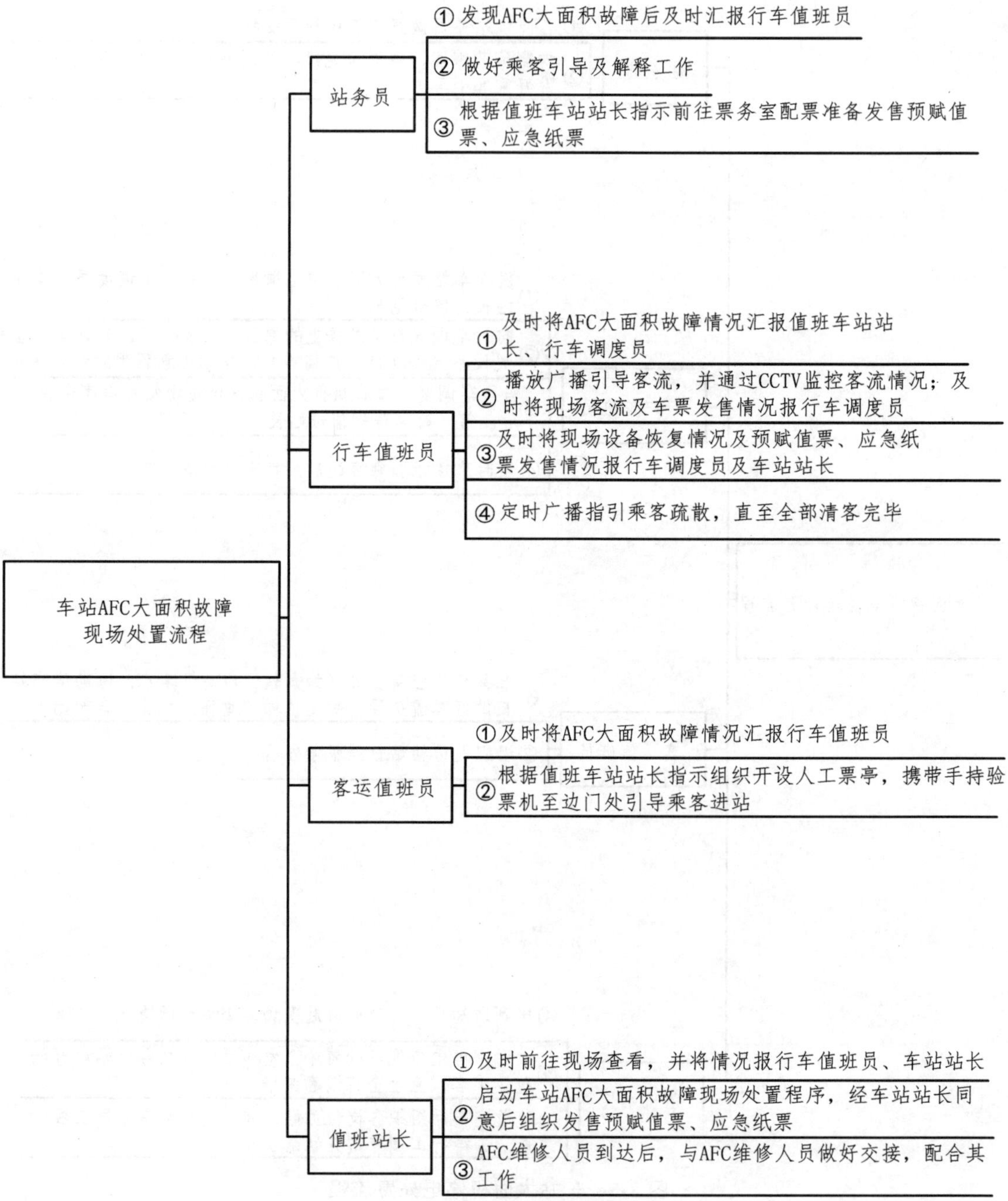

图 8-6　车站 AFC 大面积故障现场处置流程

三、车站客伤现场处置

车站客伤是指在运营时间内，车站出现乘客受伤事件，车站人员在处理客伤过程中，应注意做好现场取证及乘客安抚工作。车站客伤处置流程详见图 8-7。

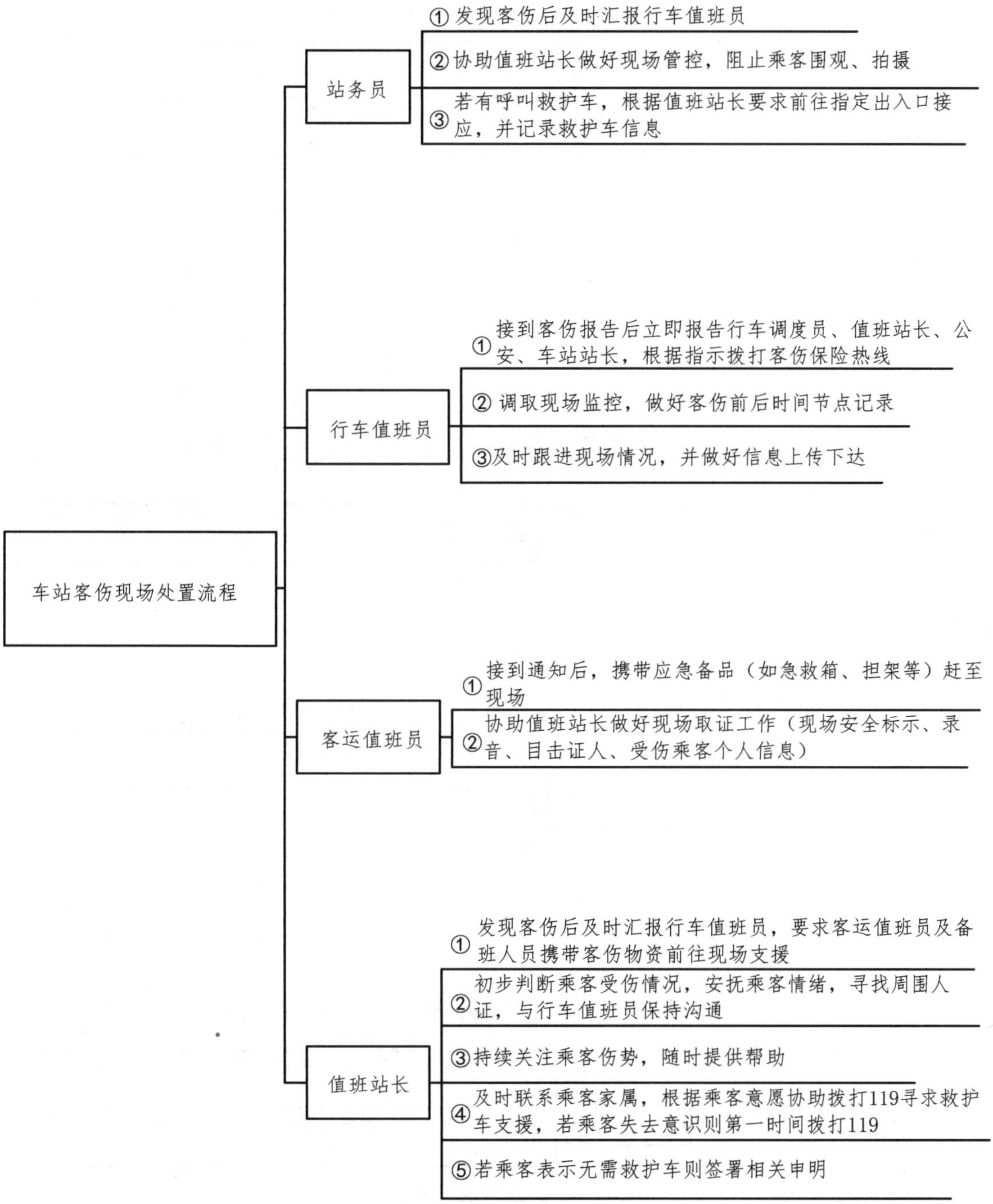

图 8-7　车站客伤现场处置流程

四、公交接驳现场处置

公交接驳是指在运营时间内，车站单向/双向列车停运后需要公交输送乘客前往指定站点的事件，车站人员在组织公交接驳过程中，应注意做好乘客引导及解释工作。公交接驳流程详见图 8-8。

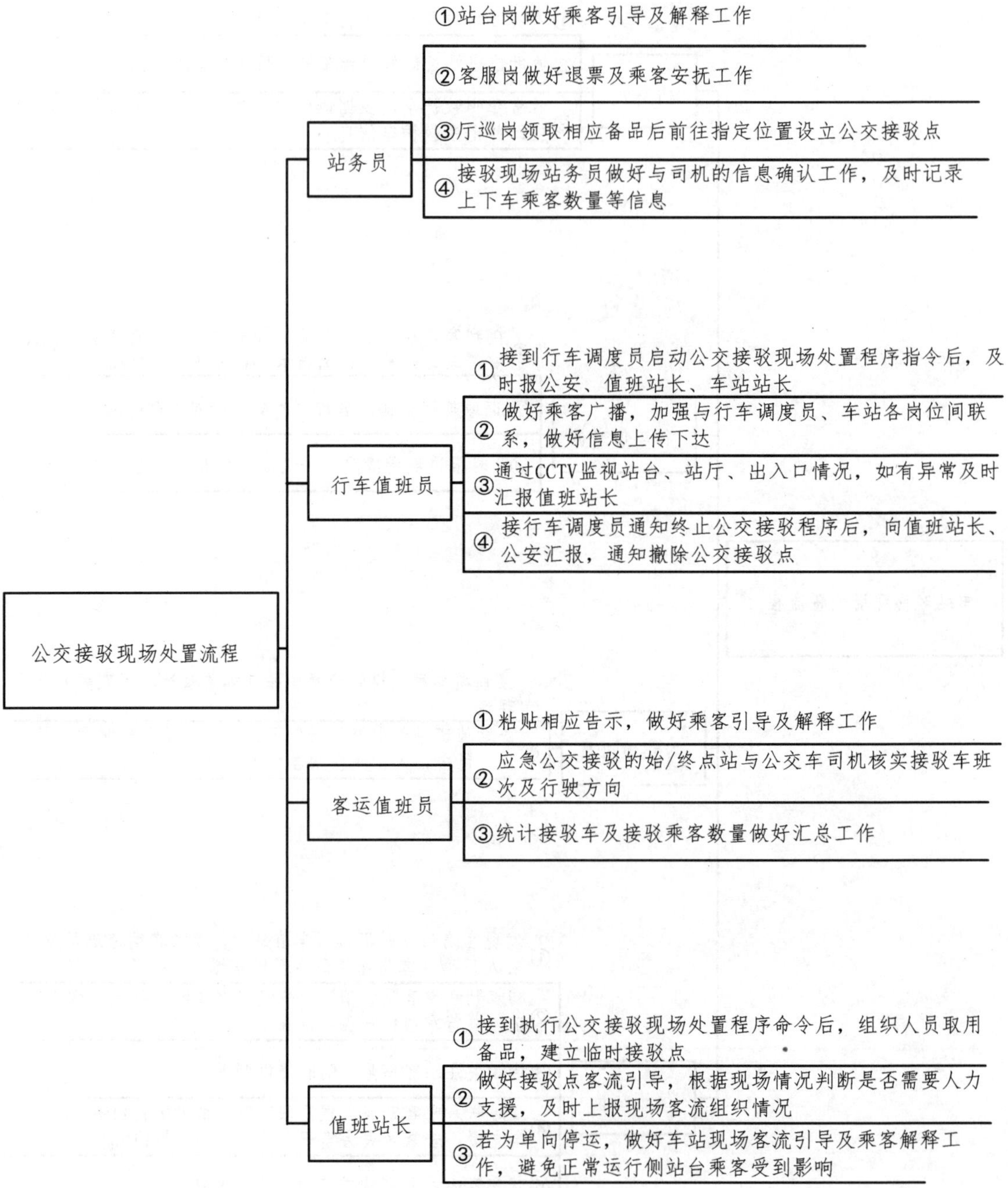

图 8-8　公交接驳现场处置流程

五、车站火灾现场处置

车站火灾是指在运营时间内，车站发生火灾的事件，车站人员在处理火灾的过程中，应注意保证自身及乘客安全及时疏散乘客避免造成慌乱。车站火灾现场处置流程详见图 8-9。

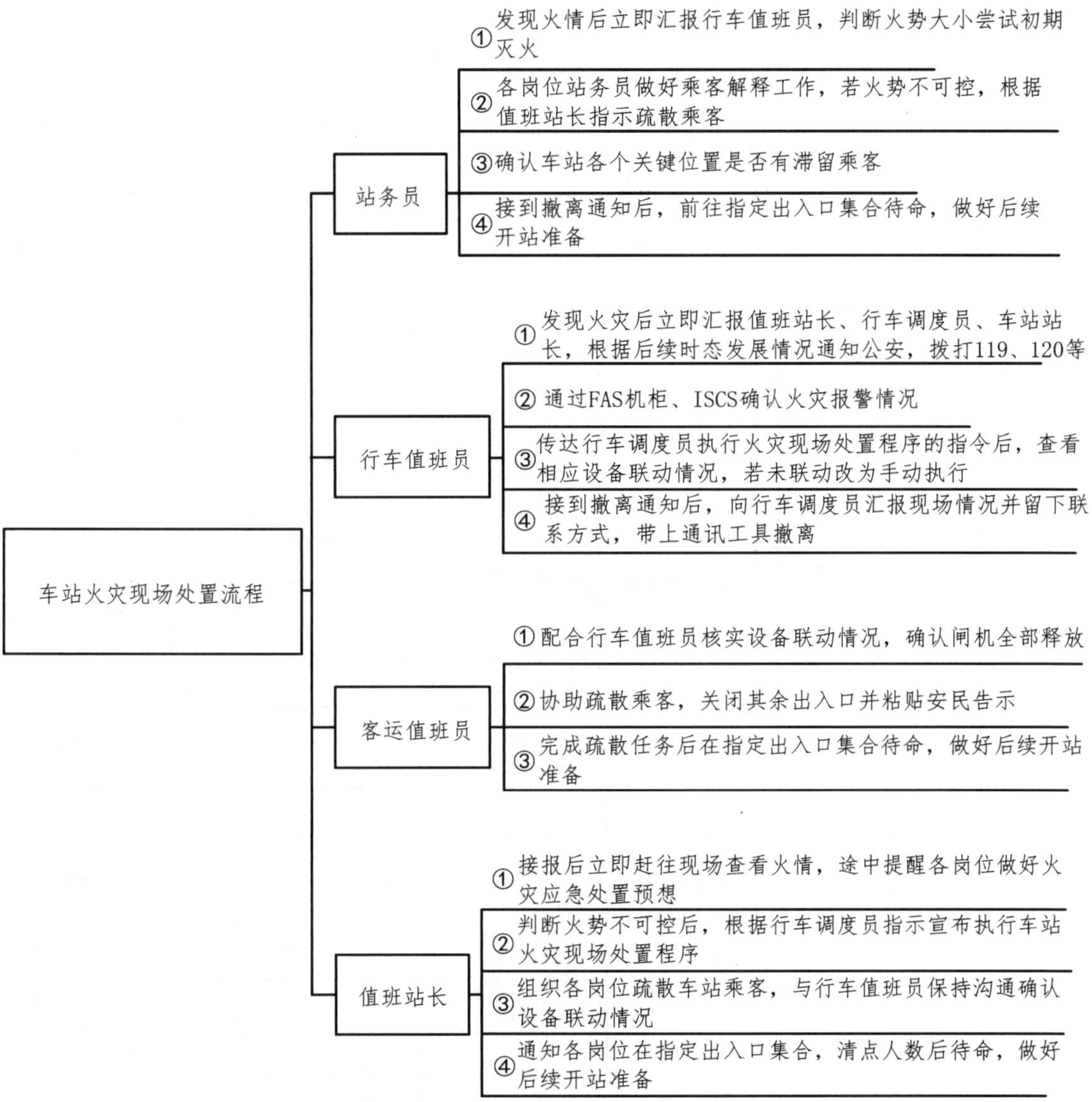

图 8-9　车站火灾现场处置流程

六、突发大客流现场处置

突发大客流是指在运营时间内，车站出现不可预见的大客流事件，车站人员在处理突发大客流过程中，应注意保证自身及乘客安全，及时采取相应客控措施。突发大客流现场处置流程详见图 8-10。

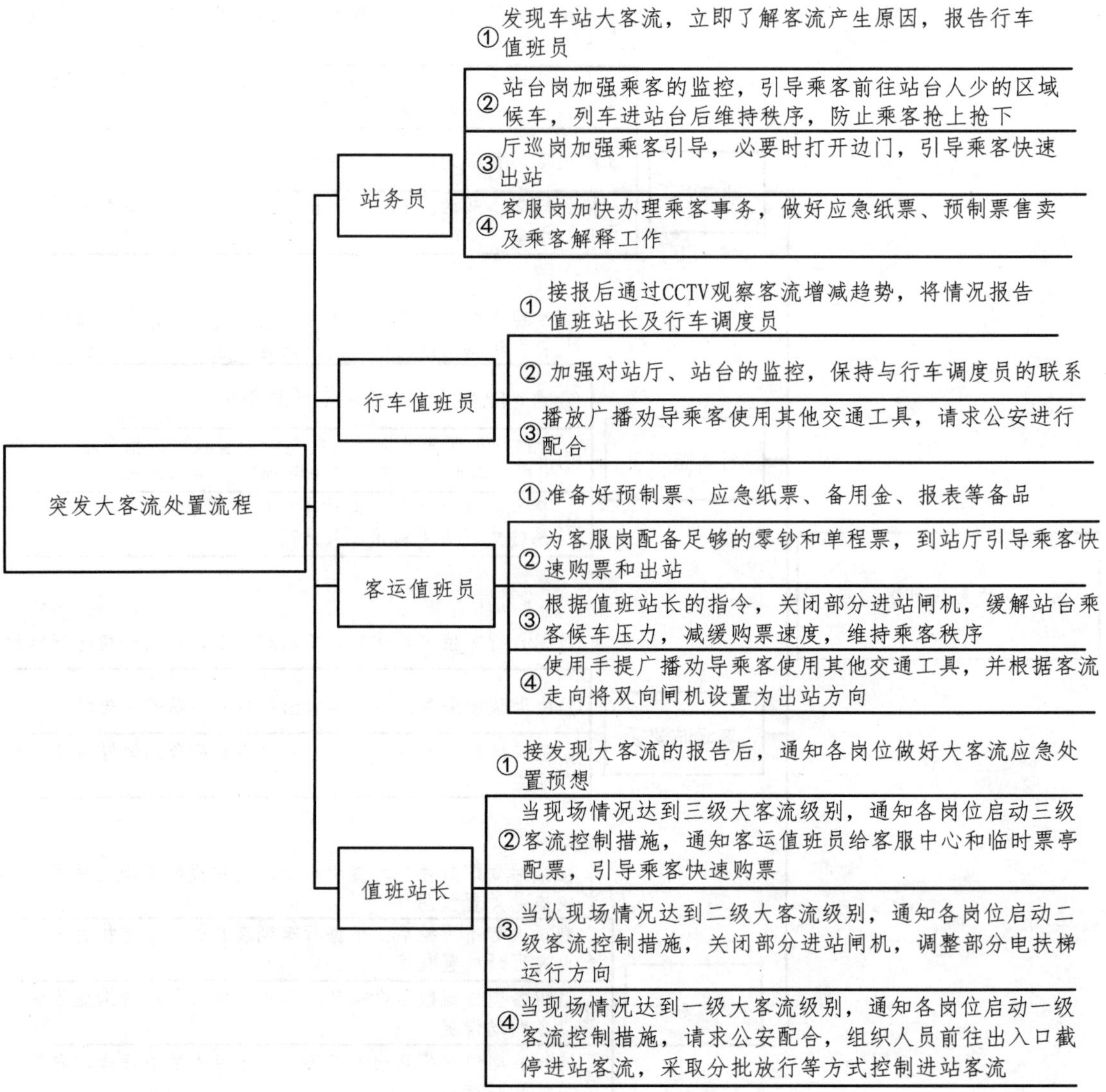

图 8-10　突发大客流现场处置流程

第三节　社会治安类事件（故）应急处置流程

一、乘客打架斗殴现场处置

乘客打架斗殴是指在运营时间内，车站乘客出现打架斗殴等类似事件，车站人员在处理乘客打架斗殴过程中，应保证员工自身安全，尽快通知车站公安。乘客打架斗殴现场处置流程详见图 8-11。

二、可疑物品现场处置

可疑物品是指在车站范围内，通过听觉、嗅觉或观察到有危险标识并能通过常识判断可能有危险的（如计时器响声、刺激性气味、不明性质等）物品，车站人员在处理可疑物品过程中，应保证乘客及员工自身安全，尽快通知驻站公安。发现可疑物品现场处置流程详见图 8-12。

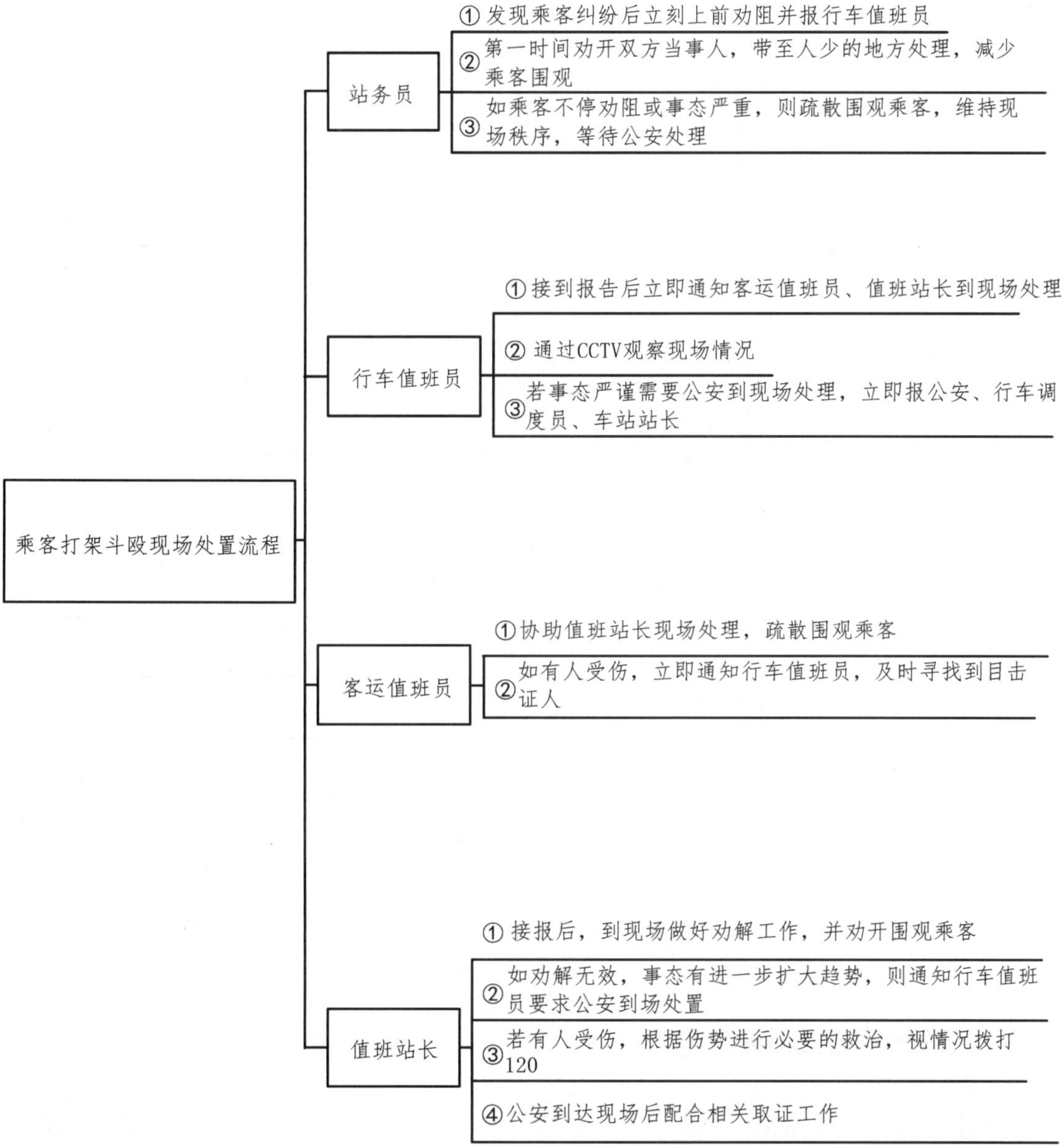

图 8-11　乘客打架斗殴现场处置流程

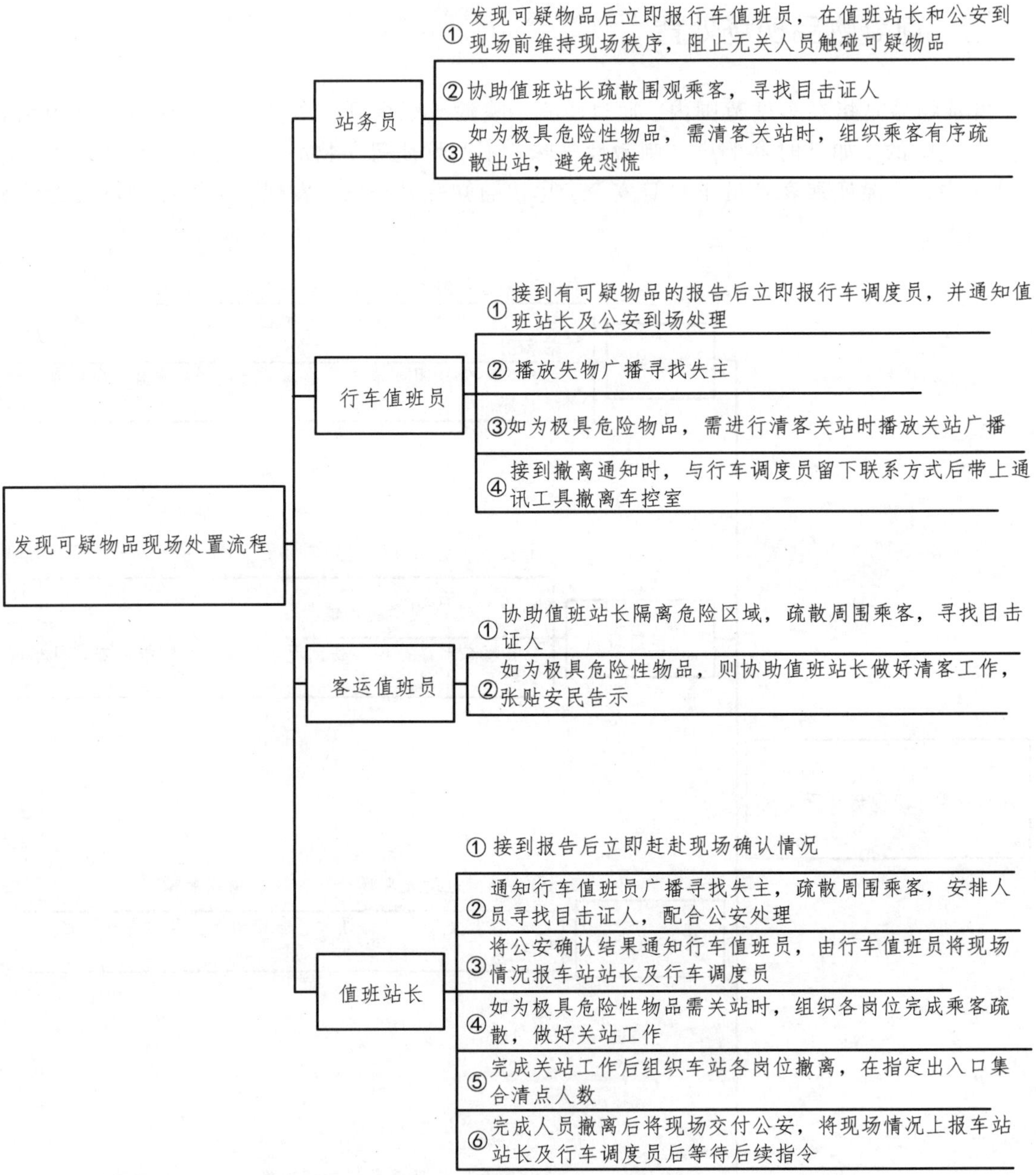

图 8-12　发现可疑物品处置流程

三、恐怖袭击现场处置

恐怖袭击是指在车站范围内发生的，包括爆炸、毒气、纵火、挟持人质等恶性事件，车站人员在处理恐怖袭击过程中，应保证乘客及员工自身安全，尽快通知车站公安。恐怖袭击现场处置流程详见图 8-13。

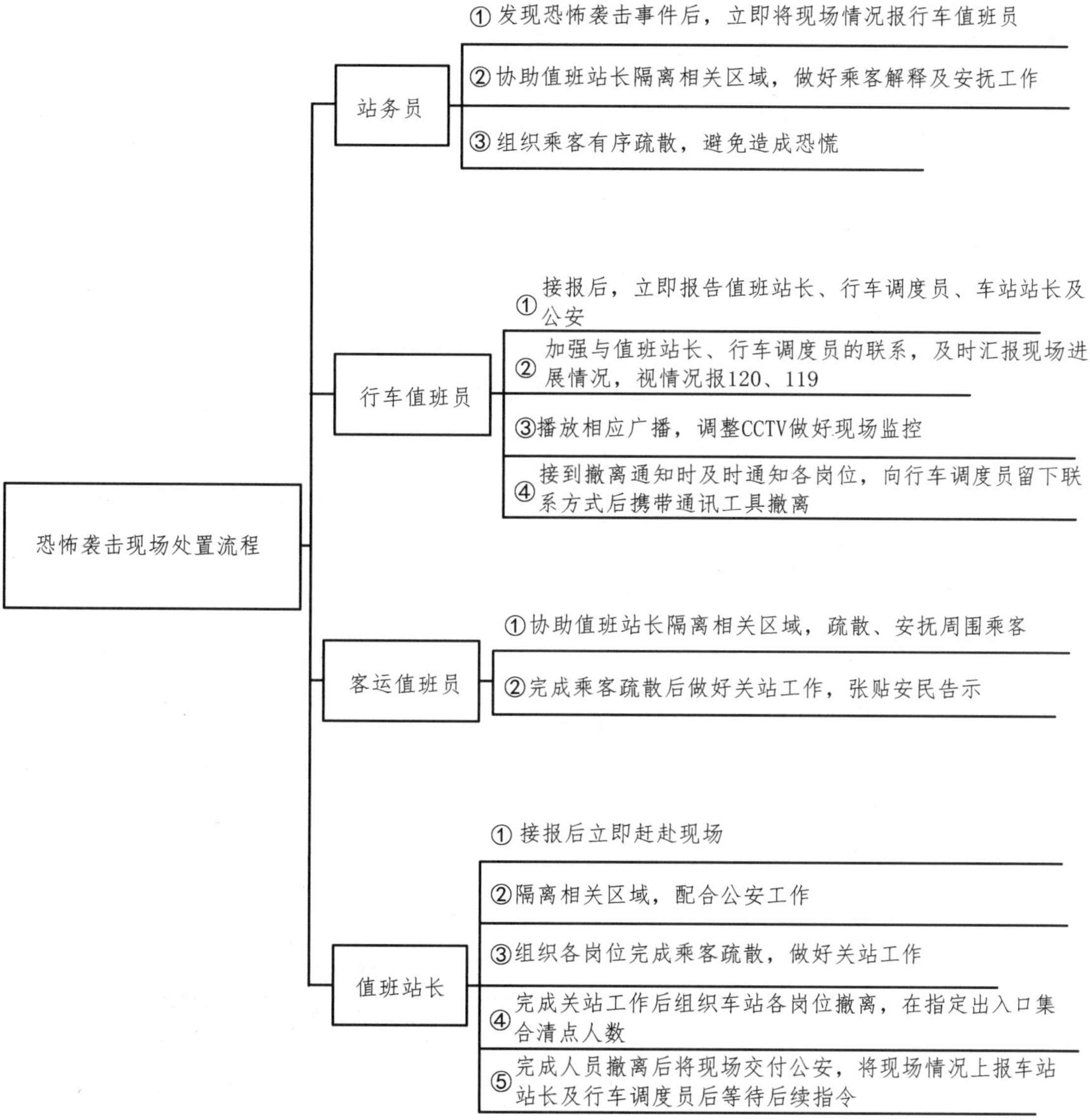

图 8-13　恐怖袭击现场处置流程

第四节　特殊气象时应急处置流程

一、车站、区间水淹现场处置

车站、区间水淹是指车站、区间范围内，由排水设施故障、区间消防管道破裂、车站给水管道破裂、恶劣天气、地质条件等造成大量积水的情况，车站人员在处理车站、区间水淹过程中，应保证员工自身安全，及时上报现场情况。车站、区间水淹现场处置流程详见图 8-14。

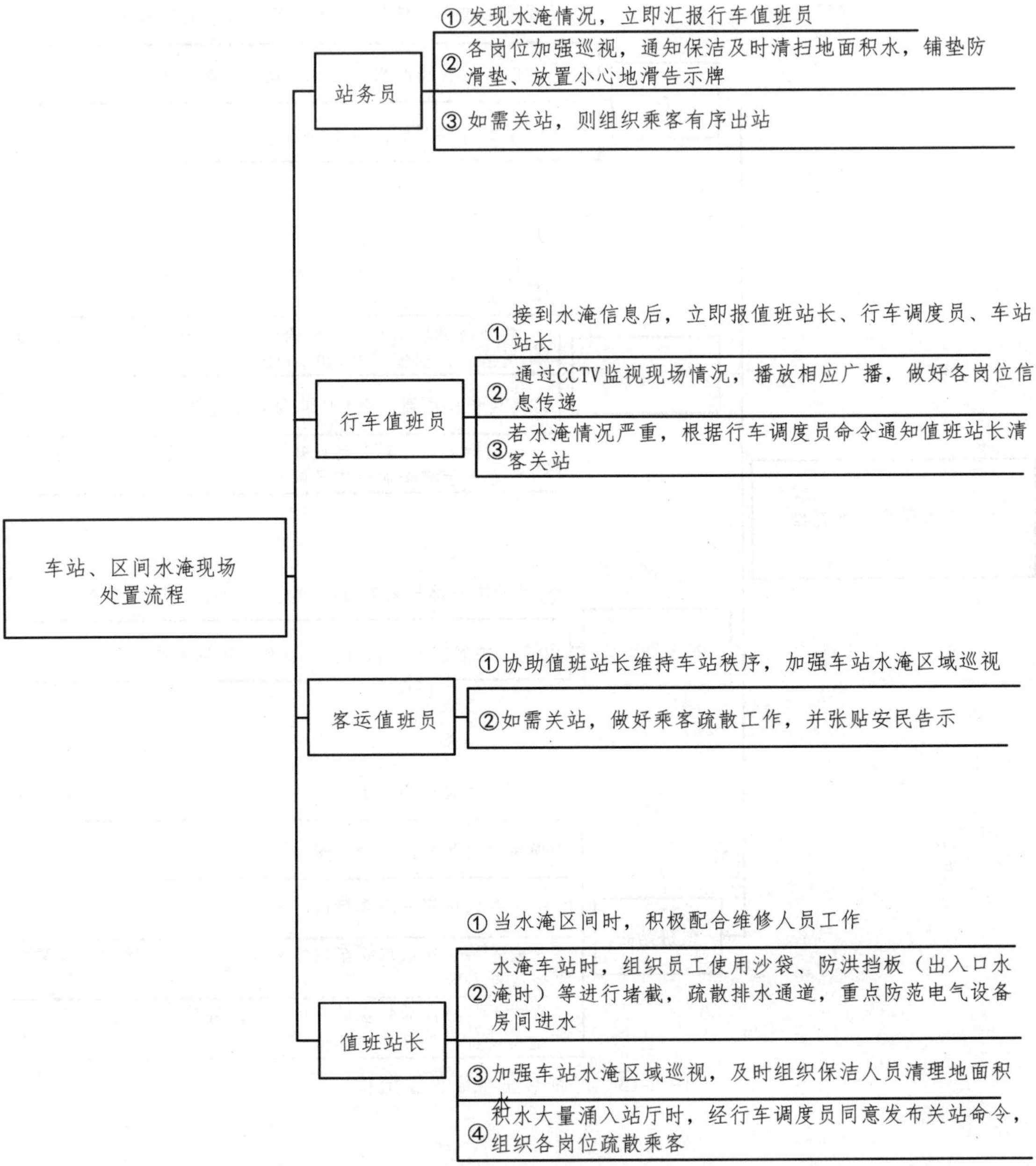

图 8-14　车站、区间水淹现场处置流程

二、恶劣天气车站现场处置

恶劣天气是指车站周边范围内，发生包括台风、雷雨、大风、暴雨、高温、大雾、霾及寒冷气象预警信号等恶劣天气事件的情况，车站人员在恶劣天气现场处置过程中，应保护好人员人身安全及车站财务安全。恶劣天气车站现场处置流程详见图 8-15。

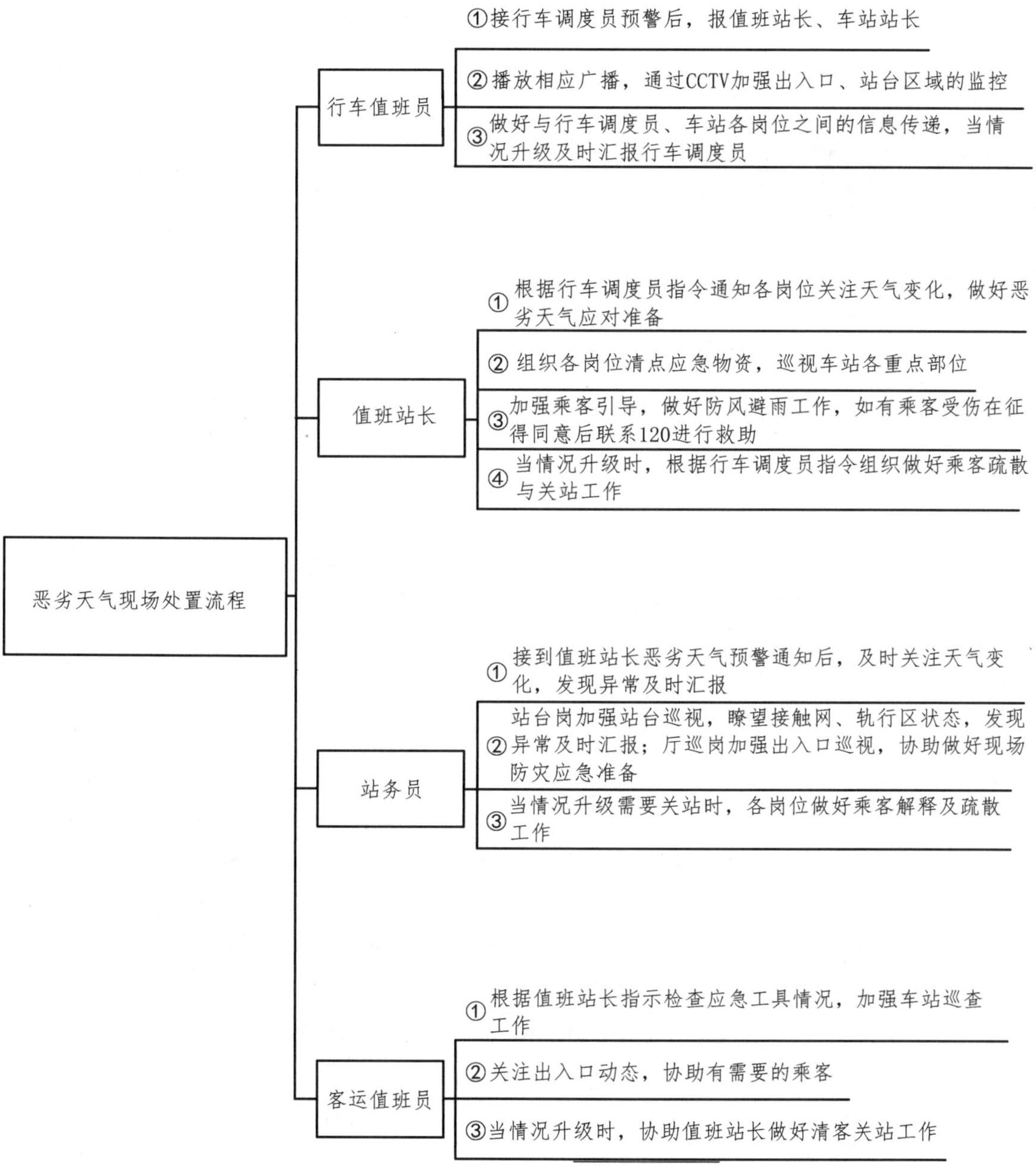

图 8-15　恶劣天气车站现场处置流程

附 录

附录一 专业名词解释

序号	词汇	定　　义
1	联锁	指信号系统中的信号机、道岔和进路之间建立的一种相互制约的关系
2	ATC	列车自动控制系统（Automatic Train Control System）
3	ATO	列车自动驾驶子系统（Automatic Train Operation Subsystem）
4	ATP	列车自动防护子系统（Automatic Train Protection Subsystem）
5	ATS	列车自动监控子系统（Automatic Train Supervision Subsystem）
6	CBI	计算机联锁子系统（Computer Based Interlocking Subsystem）
7	DCS	数据通信子系统（Data Communication Subsystem）
8	MSS	维护监测子系统（Maintenance Supervision Subsystem）
9	OCC	运营控制中心（Operation Control Center）
10	CCTV	闭路电视监控系统（Closed Circuit Television）
11	PIS	乘客信息系统（Passenger Information System）
12	DCC	车场控制中心（Depot Control Center）
13	ISCS	综合监控系统（Integrated Supervisory Control System）
14	BAS	环境与设备控制系统（Building Automation System）
15	SIG	信号系统（Signaling）
16	PA	广播（Public Address）
17	FAS	火灾报警系统（Fire Alarm System）
18	SCADA	电力监控系统（Supervisory Control and Data Acquisition）

续表

序号	词汇	定　义
19	CLK	时钟系统（Clock）
20	ACS	门禁系统（Access Control System）
21	AFC	自动售检票系统（Automatic Fare Collection）
22	IBP	综合应急后备盘（Integrated Backup Panel）
23	PSD	站台门系统（Platform Screen Doors）
24	PSL	站台门端头控制盘（Platform Control Panel）
25	LCB	站台门就地控制盒（Local Control Box）
26	ACC	清分中心系统（AFC Clearing Center）
27	SC	车站计算机（Station Computer）
28	TVM	自动售票机（Ticket Vending Machine）
29	BOM	半自动售票机（Booking Office Machine）
30	AGM	自动检票机（Automatic Gate Machine）
31	闭塞	为保证列车运行安全，须保证列车间以一定的安全防护空间运行，这种安全防护空间称为闭塞
32	列车	按规定编组并赋予车次号的客车车组、工程车、单机，分为客运列车、其他列车两类
33	市域动车组	指配有列车标志，按规定进行编组，可载客运行的车辆
34	计轴预复位	当计轴设备出现干扰显示占用或故障预修复后，采用计轴预复位可将某一个区段的进入和出清轮对数清零，该进路经过列车占用、出清后进路解锁，设备恢复正常
35	端墙	车站站台门端门处所对应的墙为端墙。每个车站沿上/下行方向均设有2个端墙，列车正常运行停在车站时，与列车头部对应的端墙为头端墙，与列车尾部对应的端墙为尾端墙

附录二 站台岗接发列车作业

正常情况下，站台岗需监控站台乘客候车，防止乘客越出站台黄色安全线，并密切监控站台门状态，发现站台门故障的情况时，按站台门故障处理流程进行处理，站台岗日常接发车作业，按照“接车三部曲”执行。

一、接车作业

站台岗在列车运行方向靠近头端端门紧急停车处接车；列车即将进站时，面向来车方向，目迎列车进站。列车头部越过站务员立岗位置，站务员转身面对屏蔽门，注意列车首尾端情况，并报行车值班员上/下行列车整列到达。

二、发车作业

列车开关门作业完毕后，如无异常情况，目送列车出站，并向行车值班员汇报上/下列车整列出发。列车到达两端站或根据运营调整需要清客作业时，站台岗清客完毕后，面向司机方向显示“好了”手信号并汇报行车值班员。

附录三 站台门故障处理流程

发生站台门故障时，应按“先通车后恢复”的原则进行处理，在保证安全的前提下，确保列车正点运行。

站台门开关门控制优先级从高到低依次为：专用钥匙手动操作（就地级）、IBP 盘上开关按钮操作（车站级）、PSL 操作（站台级）、站台门与信号联动控制（系统级），如需操作互锁解除和安全防护装置，由车站人员在征得行车调度员同意后，并确认现场安全的情况下方可操作，处理完毕后汇报行车调度员，以下是站台门常见的故障处理流程。

一、站台门玻璃破碎

应急门、固定门玻璃破损时，站台岗立即向行车值班员报告，同时做好安全防护和提示，必要时破损门处设专人留守，行车值班员及时向维修单位报修。

滑动门玻璃破损时，在做好上述工作的同时，对该破损滑动门 LCB 打为“手动开”位，司机、车站人员广播通知乘客避开此门，值班站长应指派专人留守，故障门单元前设置防护栏、警示标识，做好乘客疏导工作，同时应对破损玻璃进行临时处置，防止玻璃进一步爆裂，直至故障恢复。

端门玻璃破损时，站台岗汇报行车值班员，做好前期临时处置，放置围栏隔离，派专人值守及引导。

当玻璃破碎需下轨进行处理时，应得到行车调度员的允许，并做好防护方可下轨处理。

二、单扇站台门无法打开/关闭

单扇站台门无法打开时，站台岗立即向行车值班员报告，就地操作 LCB 将故障门打至“手动关”位，引导乘客从其他站台门上下车，并张贴“此门故障”告示，直至故障恢复。

单扇站台门无法关闭时，站台岗汇报行车值班员，将故障门打至“手动关”位，如操作“手动关”后门体无法关闭，则待列车出清后，将该故障站台门机械锁闭，故障站台门保持“手动关”位，现场做好防护并张贴告示。

三、整侧站台门无法关闭

站台岗发现后，及时汇报行车值班员请求支援，并赶往列车头部，要求司机通过 PSL 再次尝试关门，司机操作无效后，通知行车值班员使用 IBP 盘尝试关门。若有效，确认站台门关闭且锁紧后向司机显示“好了”信号；若 IBP 盘操作无效，及时做好站台防护，操作“互锁解除”发车。

四、整侧站台门无法打开

站台岗发现后，及时汇报行车值班员请求支援，并赶往列车头部，要求司机通过 PSL 再次尝试开门，司机操作无效后，通知行车值班员使用 IBP 盘尝试开门。若有效，则乘客上下完毕后，通知行车值班员关门，确认关闭且锁紧后向司机显示“好了”信号；若无效，及时根据行车值班员命令使用 LCB 钥匙将站台门打至“手动开”位，至少确保每节车厢有一扇对应的站台门开启；若 LCB 无法开门，使用钥匙机械解锁开门，待乘客上下完毕，于开启的站台门处设置防护，并向司机显示“好了”信号。

五、LCB 图例说明

状态/功能	操作步骤	图例说明
自动：正常模式与信号互联，绿色指示灯亮	无	
手动关门：隔离信号，将站台门从安全回路切断，即此道门的安全回路被旁路，不影响列车正常进出站	从“自动”位顺时针旋转 90°至“手动关门”位	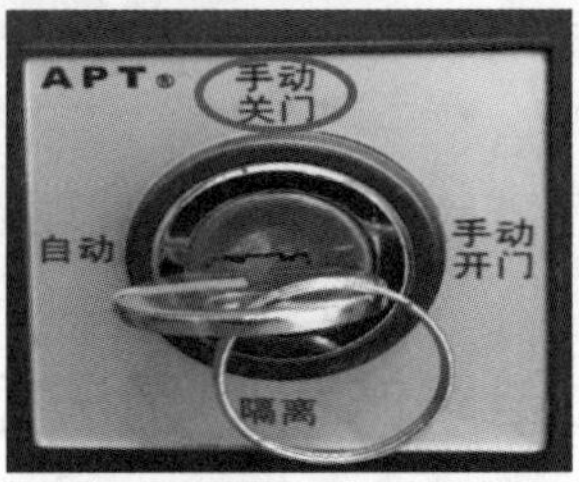
手动开门：隔离信号，将站台门从安全回路切断，即此道门的安全回路被旁路，不影响列车正常进出站	从“自动”位顺时针旋转 90°至“手动关门”位，再顺时针旋转 90°至“手动开门”位	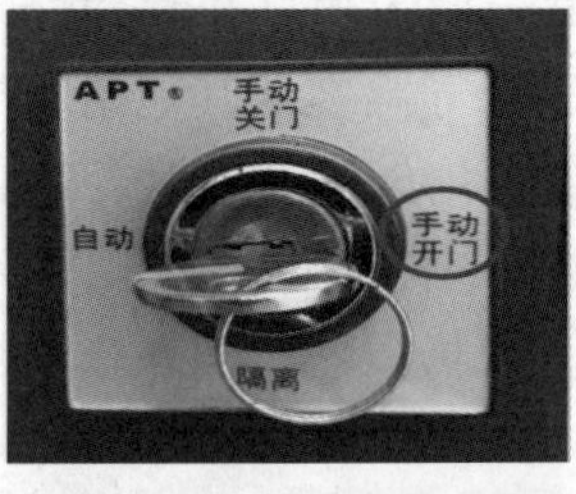
隔离：将该档滑动门从信号的控制中隔离出来，不受信号控制，当开关拨到此档位时，有可能会影响行车，因此，非机电维修人员或设备维保人员不建议用此档位	从“自动”位逆时针旋转 90°至“隔离”位	

六、PSL 图例说明

状态/功能	操作步骤	图例说明
试灯按钮：测试相应指示灯是否正常	按压“试灯按钮”	
IBP 紧急控制指示灯：红灯亮，处于车站级控制等级，操作 PSL 无效	站台岗向行车值班员汇报，根据行车值班员指令操作	
关门：对相应侧整侧滑动门全部关闭	将 PSL 就地控制开关由“自动”位转到“就地”位，之后按压“关门”按钮	
互锁解除：信号系统和站台门联锁被解除，站台门是否关闭对列车进出车站没有影响	将就地控制开关由“自动”位转到“就地位”，将互锁解除操作开关由“正常”位转到“互锁解除”位	
安全防护装置报警和安全防护装置故障指示灯：红灯亮，蜂鸣器报警	将就地控制开关由“自动”位转到“就地位”，按压消音按钮，将安全防护装置旁路开关由“正常”位转到“旁路”位	

附录四 手信号显示

手信号是行车中重要的信号传达方式，它与列车运行安全有着紧密的联系。手信号显示时机和显示地点应保证信号显示人员的人身安全，且便于司机瞭望或确认，地下站手信号按夜间方式显示，下面具体介绍手信号显示方式。

一、停车手信号

停车手信号：要求列车停车，昼间采用展开的红色信号旗，无红色信号旗时，两臂高举头上，向两侧急剧摇动；夜间使用红色灯光，无红色灯光时，用白色灯光上下摇动。

二、紧急停车手信号

紧急停车手信号：要求司机紧急停车，昼间采用展开红色信号旗下压数次，无信号旗时，两臂高举头上，向两侧急剧摇动，手臂交叉；夜间使用红色灯光下压数次，无红色灯光时，用白色灯光上下急剧摇动。

三、减速手信号

减速信号：要求列车降低速度运行，昼间采用展开的黄色信号旗，无黄色信号旗时，用绿色信号旗下压数次；夜间使用黄色灯光，无黄色灯光时，用绿色灯光或白色灯光下压数次。

四、发车手信号

发车手信号：要求司机发车，昼间采用展开的绿色信号旗上弧线向列车方面做圆形转动；夜间使用绿色灯光上弧线向列车方面做圆形转动。

五、通过手信号

通过手信号：准许列车由车站通过，昼间采用展开的绿色信号旗；夜间使用绿色灯光。

六、引导手信号

引导手信号：准许列车进入车站或车场，昼间采用展开黄色信号旗高举头上左右摇动；夜间使用黄色灯光高举头上左右摇动。

七、“好了”手信号

“好了”手信号：表示某项作业完成，昼间采用拢起的信号旗做圆形转动，夜间使用白色灯光做圆形转动。

参考文献

[1] 丁建宇. 温州市域铁路创新与实践[M]. 北京：人民交通出版社，2019.